学生必知的外国文化知识读本

学生必知的西方启蒙运动

晏立农 ◆ 编著

吉林人民出版社

图书在版编目(CIP)数据

学生必知的西方启蒙运动 / 晏立农编著. -- 长春：
吉林人民出版社, 2012.7
　（学生必知的外国文化知识读本）
　ISBN 978-7-206-09206-0

Ⅰ.①学… Ⅱ.①晏… Ⅲ.①启蒙运动 – 西方国家 –
青年读物②启蒙运动 – 西方国家 – 少年读物 Ⅳ.
①B504-49

中国版本图书馆 CIP 数据核字(2012)第 149517 号

学生必知的西方启蒙运动

XUESHENG BIZHI DE XIFANG QIMENG YUNDONG

编　　著:晏立农

责任编辑:卢俊宁　　　　　　　　　封面设计:七　洱
吉林人民出版社出版 发行(长春市人民大街7548号　邮政编码:130022)
印　　刷:鸿鹄(唐山)印务有限公司
开　　本:670mm×950mm　　　　　　1/16
印　　张:14　　　　　　　　字　　数:170千字
标准书号:ISBN 978-7-206-09206-0
版　　次:2012年7月第1版　　　印　　次:2021年8月第2次印刷
定　　价:48.00元

如发现印装质量问题,影响阅读,请与出版社联系调换。

目录
CONTENTS

目录 CONTENTS

目录 CONTENTS

前　言

　　思想是客观存在的反映。资本主义的发展、自然科学的突飞猛进，造就了欧洲的启蒙运动。意识对物质有主观能动作用，没有革命的理论，就不会有革命的运动，启蒙运动的反教权、反专制的"理性"思想是当时资产阶级冲向封建营垒的两把锋利的匕首，是革命有力的思想武器，启蒙思想成为近现代资本主义社会的立国之本，启蒙学者们用理性的眼光来观察社会和生活，并以其富有先导性的理论唤醒了欧洲各国人民的反封建意识，给处于黑暗统治下的人民带来了光明和希望。它成为世界近代史上继文艺复兴运动之后的第二次思想解放运动，它为欧美的资产阶级革命做了充分的思想准备。从而使18世纪成为理性的时代或启蒙的时代。

　　启蒙运动发生的年代可以追溯到1680年，结束于1789年或1815年之后，发生的区域涵盖了18世纪的欧洲。康德于1784年12月发表了《答何谓启蒙》，对启蒙做了一个非常著名的描述："启蒙是人之超脱于他自己招致的未成年状态。"他呼吁人们使用自己的知性，"勇敢地去知道吧！"此时涌现出的无数优秀的启蒙思想家，如伏尔泰、孟德斯鸠以及培根等，都为西方的启蒙运动注入了新鲜的活力。

　　一个时代的科学是依赖于合适的文化的孕育，从而使科学受益于该文化精神而得到加速发展，这是历史的总结，也是现实的启示。西方科学的发展正是得益于源源不断的来自文化的活水，才使得科学知识的创新保持着旺盛的活力。换言之，西方启蒙运动的发展，很大程度上促进了西方科学的发展。西方的科学发展是灿烂、光辉的。从东方技术的西传开始，一直受蒙昧的西方人开始觉醒，他们逐渐打开了通往东方的大门，进行海上力量的发展，民族国家的崛起也使得君主立宪制确立。随之而来的便是宗教、科学以及农业、商业上的不断崛起和繁荣，越来越多的哲学家以及经济学家，作为现代人们尊敬的智慧者、思想者和开拓者，为西方文明乃至世界文明的发展做出了经久不衰的贡献。

每个身处现实中的人，都不应该拒绝文化、历史和科学的发展，而应该比较全面地与其贴近，深刻了解，从中找到现实的意义。在这种意义上，西方的科学和启蒙运动的发展之所以引人关注，就在于其能够让我们立足于现实，重新感悟西方文明、认同西方科学文明并将其理解。本书从全新的角度，从宏观上把握西方的科学和启蒙的发展，抓住大事件，挖掘内涵，展示出一条比较清晰的历史脉络。更难能可贵的是，该书声情并茂地向读者直观地展示几百年前西方的科学发展，带领读者探访思想家的灵魂，领略王朝的兴盛和衰败，感悟百年来历史文化的沧桑变化。该书是一本快速了解西方科学与启蒙进程不可或缺的书籍。

本书在编撰过程中得到吉林人民出版社诸多同仁的帮助，在此表示谢意，特别感谢刘文辉编辑，我们已合作多年，这次有机会与她再次合作不胜荣幸。限于学术水平，书中舛误之处在所难免，诚祈海内外专家不吝赐教。

东方技术西传科学理性主义诞生

欧洲近代文化的发展，不仅从自己的古代传统汲取营养，也从东方文化中汲取营养。欧洲人不仅从阿拉伯典籍中回译了许多在欧洲早已失传的古希腊罗马人的著作，而且对阿拉伯人的许多科学成就也高度重视。如阿拉伯著名的近百万字的《医典》被译成拉丁文，在几个世纪内一直是欧洲各大学的医学教科书；阿拉伯人复杂的炼金术为欧洲近代化学的发展打下了基础；印度人发明的十进位法及印度数字经阿拉伯传至欧洲，逐渐代替了罗马数字；阿尔·花拉子谟的代数学传入欧洲，直到16世纪一直是各大学的教本；中国的制瓷、丝织技术也由阿拉伯人西传，推动了欧洲文明的发展。在所有西传的东方科技中，当数中国的四大发明对欧洲近代文明的发展影响最大。

印刷术

中国在汉代发明纸张，公元4世纪以后已普遍流行。11世纪40年代，宋朝毕昇发明活字印刷术。造纸和印刷术经由阿拉伯人传播到欧洲，15世纪，西欧开始大量生产便宜的亚麻纸。德国人约翰·古腾堡发现中国发明的这种活动字模特别适用于拼音字母，只要有几十种字母和标点符号的字模，就可以拼印出所有的文章和书籍，经过一番改进，古腾堡终于在美因

兹城建成欧洲第一个印刷店，大量印刷《圣经》。16世纪，印刷机在西欧已经非常普遍了，印刷工场承印各种各样的印刷品，其结果是书籍供应大大地增加了，书价便宜到普通民众都有能力购买的程度，而且减少了许多手抄的错误，印刷术在欧洲的利用，大大促进了文化和信息的传播，推动了教育的发展。

火　药

关于火药的制造和使用的记载，最早出现在中国唐朝人写的书籍中，后来蒙古人学会了使用火药，又经阿拉伯人西传至欧洲。14世纪欧洲人开始使用青铜炮，不久就发明了铁炮。达·芬奇的素描给今人留下了他那个时代佛罗伦萨军火工场的宏大壮观的生产情景。16世纪初，欧洲人已能制造各种火炮和发射弹药的枪支，如装有燧石扳机的较轻便的毛瑟枪。热兵器的使用使庄园城堡再不能成为割据的封建堡垒，国王们用枪炮装备常备军，中央政府有了维护国王专制权力的有力工具，中世纪的骑士制度及骑士精神也因此走向衰落。

罗　盘

罗盘也是古代中国人的一项伟大发明，北宋时期的不少著作都提到了关于磁针指南的问题。指南针和刻有方位的罗盘配合，作为一种指定方向的仪器，被广泛使用于航海事业。阿拉伯人在同中国的文化交往中掌握了罗盘技术后，又将它传播到欧洲，有力地推动了欧洲人航海事业的发展。

印刷术、火药和罗盘的使用，对欧洲社会产生了巨大的冲击，17世纪的英国学者培根就已经认识到："这三种发明已经改变了全世界的面貌和一切事物的状态"，并且"在其他方面，也引出了无数的发明来"。现代英国著名科学史专家更是直接认为，没有中国古代文明的贡献，就不会有西方的近代科学。马克思曾经精辟地指出："火药、指南针、印刷术——这是预告资产阶级社会到来的三大发明。火药把骑士阶层炸得粉碎，指南针打开了世界市场并建立了殖民地，而印刷术则变成新教的工具，总的来说变成科学复兴的手段，变成对精神发展创造必要前提的最强大的杠杆。"

理性的诞生

与此同时，英国历史上出现了理性主义的先驱和实验科学的始祖培根。培根对于人类文化有着重要的贡献，他大声疾呼对于科学方法的研究和提倡新方法。法国的数学家和哲学家笛卡儿也在哲学方面形成了理想主义原则，他孜孜不倦地寻找理性思维的真实基础。笛卡儿的理性主义经过荷兰学者斯宾诺莎和德国学者莱布尼茨的进一步发展，成为欧洲大陆思想的基本风格，与以培根为代表的英国经验主义风格形成鲜明对照。这种差别的形成是与不同的历史及文化传统相联系的。中世纪的欧洲，虽然是在野蛮的日耳曼人对罗马文明的践踏中建立起来的，但古希腊罗马文化并未彻底消亡，它们在各个方面对欧洲人继续产生影响。古代文化的影响在不同地区是不完全相同的，一般来说，意大利、法国和德国同罗马文化的联系更密切一些，英国受罗马文化的影响相对少一些。在政治和法律方面，英国主要是根据古老的传统和社会现实积累起制度文化和法律判例，社会生活不是由根据某种理论"制定"出来的成文法规来指导的。英国的经验主义者认为，一切知识文化最终都是经验的，它们或是感觉直接给予我们的，或是过去的感觉给予我们的简单观念的复合，思想的任务在于回顾和记忆这些观念，联合它们以形成较复杂的观念，分解它们以得到较简单的

观念，考察它们以找出其间的关系。

17、18世纪的欧洲大陆，比起英国来，经济发展是相对落后的，新兴资产阶级尚无力夺取政权，专制君主仍是绝对的权威。在宗教上，不论新教还是天主教，都以其宗教神学强有力地支配着人们的精神，一般从事学问的探索者，多少总还要考虑教会的态度。大陆的学者们喜欢数学，也是因为数学问题中的准确性与可解说性的真理，不必实地调查，便可直接领悟，与教会较少冲突。

当然还有罗马法律通过理性的支撑法来指导生活，从而形成古典哲学大师对于精神与物质的形而上学以及教会哲学的传统思维定势。大陆的学者相信人类能从直觉获得的普遍原理中推导出所有关于客观世界的知识，他们喜欢从定义和公理开始，然后按照严格的推理程序演绎出下面的命题。理性主义者总是企图构筑囊括自然法则和人生法则的庞大思想体系，而这正是从古代思想到经院哲学的文化传统的继续。

大陆理性主义者的唯理论与英国经验主义者的经验论，既是两种互相对峙的理论体系，又互相补充，互相完善。英吉利海峡并没有阻断两岸的文化交流，两岸的学者们互相学习和借鉴，将两种方法结合在一起，成为近代科学方法的两个重要方面。爱因斯坦曾经说过："西方科学的发展是以两个伟大的成就为基础，那就是：希腊哲学家发明的形式逻辑体系（在欧几里得几何学中），以及通过系统的试验发现有可能找出因果关系（在文艺复兴时期）。"第一个成就为大陆的学者们继承和发扬，提供了理性思维方法；第二个成就从亚里士多德到达·芬奇不绝如缕，英国人加以改良革新，提供了科学的依据。两者的结合，使近代科学与古代科学完全区别开来。

地理大发现促进资本主义发展

地理大发现是西方史学家对欧洲航海者开辟新航路和发现新大陆的统称。地理大发现又称大航海时代，是世界发展史中的重大事件。它指15世纪至17世纪欧洲航海者开辟新航路和"发现"新大陆的过程，其主要内容包括：达·伽马绕航非洲、哥伦布发现新大陆和麦哲伦环球航行。

在14世纪和15世纪，地中海沿岸一些城市出现了资本主义生产的最初萌芽，南欧一些国家，手工业及商业贸易有了相当程度的发展。一些商人渴望向外扩充贸易，获取更多财富。然而在1453年君士坦丁堡陷落后，由于其特殊的地理位置，欧洲人从此失去了巨大的香料来源港口，所以寻找一条新的贸易路线迫在眉睫。英国、法国、西班牙和葡萄牙等各国君主以及商人们都急切地希望能够打破意大利人和阿拉伯人的垄断，自己前往印度、中国和香料群岛等地，直接与当地人进行香料、丝绸等商品交易，开辟新的殖民地。与此同时，13世纪末的《马可波罗游记》也在欧洲掀起了对东方向往的狂潮，大量的欧洲人产生了窥探东方文明的愿望。同时，由于西方各国在生产技术方面已有很大进步，指南针也已从中国传到了欧洲。航海术的提高、多桅快速帆船的出现、利用火药制造大炮和轻便毛瑟枪的出现以及地缘学说获得承认等等，都为远洋探航提供了物质条件和思想准备。西班牙和葡萄牙都是当时欧洲最强盛的封建中央集权制国家，他们以其有利的地理位置，逐渐成了探索新航路的主要组织者。

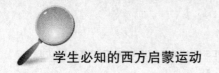

新航路的发现

葡萄牙首先发起了大规模的航海探险活动。15世纪早期，航海家恩里克王子创办地理研究机构，为取得黄金、象牙和奴隶，组织了多次非洲西岸的探险活动，先后发现了马德拉岛、佛得角群岛，并从直布罗陀沿非洲西海岸到达几内亚湾。1473年，葡萄牙船只驶过赤道，后达到刚果河口；1487年，迪亚斯的探险队到达非洲南端，发现好望角，并进入印度洋；葡萄牙贵族瓦斯哥·达·伽马奉葡王之命于1497年7月8日从里斯本出发，绕过好望角，沿非洲东海岸北上，之后由阿拉伯水手马季德领航横渡印度洋，于1498年5月20日到达印度西海岸的卡里库特，次年载着大量香料、丝绸、宝石和象牙等返抵里斯本。这是第一次绕非洲航行到印度的成功，此次航行开辟了从大西洋绕非洲南端到印度的航线，从而打破了阿拉伯人控制印度洋航路的局面，被称为"新航路的发现"。葡萄牙通过新航路，垄断了欧洲对东亚、南亚的贸易，成为海上强国。

新大陆的发现

1492年8月3日，意大利人克里斯多·哥伦布奉西班牙国王之命，从巴罗斯港（即古都塞维尔，今称塞维利亚）出发，率领探险队西行，横渡大西洋，经过70多天的艰苦航行，于同年11月12日到达了巴哈马群岛的一个小岛，并命名该岛为圣萨尔瓦多岛，之后又到了古巴岛和海地岛，并于1493年3月15日回航至巴罗斯港。此后哥伦布又先后进行了三次西航，陆续抵达西印度群岛、中美洲和南美大陆的一些地区，掠夺了大量白银和黄金之后返回西班牙。后来经过人们的反复考察后认为哥伦布发现的那块领土根本不是印度，而是"新大陆"，所以后来人们以他的名字称"新大陆"为"亚美利加州"。这就是人们所称谓的"新大陆的发现"。

第一次环球航行

葡萄牙贵族航海家斐南多·麦哲伦率领西班牙远洋船队进行了人类历史上第一次环球航行。1519年9月20日，麦哲伦奉西班牙国王之命，率探险队从巴罗斯港出发，横渡大西洋，沿巴西东海岸南下，绕过南美大陆南端与火地岛之间的海峡（即后来所称的麦哲伦海峡）进入太平洋。1521年3月船队到达菲律宾群岛，麦哲伦在与当地居民的冲突混战中丧生。其后，麦哲伦的同伴继续航行，终于到达了"香料群岛"（今马鲁古群岛）中的哈马黑拉岛。之后，满载香料又经小巽他群岛，穿过印度洋，绕过好望角，循非洲西海岸北行，于1522年9月7日回到西班牙，当初的234人仅剩18人，从而完成了人类历史上第一次环球航行。这次历时3年的环球航行，不仅为西班牙开辟了绕美洲渡太平洋前往东方的航路，更重要的意义在于彻底证明人类生存的大地确实是个球体。

在整个16世纪，老牌殖民主义国家葡萄牙控制了由东南进入印度洋的航道，西班牙则控制了通往中美洲和南美洲的航道。稍后崛起的新型资本主义国家英国、荷兰和法国为了获取海外利益不得不向西北方向寻找通往亚洲的新航道，这个目标虽然没能实现，但是却发现了其海岸线从加勒比海一直延伸到北极的北美洲。早在1497年，意大利籍的卡波特父子就在英国政府的资助下，重新发现了北美洲的纽芬兰，使英国对北美土地拥有了最初的领土权。到了17世纪初叶，英国人已经在北美建立了两个永久性的殖民地——弗吉里亚的詹姆士镇和新英格兰的普利茅斯镇，并以此为基础逐渐扩展为北美十三州。荷兰人在北美建立了贸易殖民地阿姆斯特丹，该

殖民地1664年被兼并，改名纽约。法国人则在北美建立了魁北克殖民地，沿着圣劳伦斯河和五大湖向北美大陆内地渗透，并且在墨西哥湾北岸建立了路易斯安那殖民地。

地理大发现不仅促进了资本主义的发展，而且也促进了科学技术的进步。由于航海需要解决许多实际问题，天文学和数学因此也得到了很大的发展。到17世纪，科学的中心已从中世纪商业繁荣和文艺复兴的文化中心德国和意大利北部转移到大西洋沿岸地区，如法国、荷兰和英国南部。

海外殖民 欧洲列强扩张

继15世纪至16世纪地理大发现之后，西欧对东方的贸易活动以及对新大陆的殖民活动就紧锣密鼓地展开了。由于地域优势而得天独厚的葡萄牙和西班牙在整个16世纪几乎垄断了对东方和新大陆的贸易，成为当时欧洲最富庶、最强大的国家。欧洲殖民扩张也伴随新航路的开辟而开始了。继西班牙和葡萄牙之后的殖民国家是英国、法国和荷兰，它们后来居上，压倒了西班牙和葡萄牙。

葡萄牙的殖民扩张

葡萄牙控制着印度洋航线，在东非的莫桑比克、波斯湾的霍尔木兹、印度的果阿、马来群岛的马六甲、中国的澳门都建立了商站和要塞，利用强大的海军和海盗与阿拉伯半岛和印度次大陆的穆斯林商人争夺东方的香料贸易权。在缺乏冷藏条件的西南欧洲，胡椒之类的香料对于烹调极为重要，所以在16世纪，葡萄牙垄断了全欧洲的香料进口。但是，葡萄牙人在海外建立的只是一种"贸易帝国"，而不是殖民帝国。对于葡萄牙政府来说，海外扩张的目的只是为了获得黄金、香料、丝绸等海外物质的贸易垄断权，而不是在东方的广阔土地上建立殖民统治，因此葡萄牙并没有对这些东方的贸易据点进行大规模的移民活动。除了对东方的商业贸易之外，

葡萄牙人的海外活动还包括另外两个重要内容：一是在巴西建立了使用奴隶劳动的甘蔗种植园和榨糖厂，将生产的蔗糖出口到欧洲；二是利用对非洲海岸的控制权来进行奴隶贸易，从西非将大量的黑人奴隶贩运到巴西，一部分用于种植园的蔗糖生产，另一部分则转卖到西班牙在美洲的殖民地。

西班牙的殖民扩张

与葡萄牙人不同，西班牙人在海外扩张的过程中迅速地建立了地域广阔的殖民地。自从西班牙人意识到哥伦布发现的并不是印度和中国的富饶之地，而是一块贫瘠蛮荒的新大陆之后，他们就开始把这片未经开垦的处女地当做殖民和奴役的对象。从16世纪初叶开始，西班牙就向中美洲和南美洲大量移民，尤其是16世纪三四十年代在墨西哥、秘鲁等地发现大型银矿之后，更是掀起了移民热潮。到了16世纪60年代，整个中美洲和除巴西之外的南美洲都处于西班牙王室政府的统治之下。与此同时，秘鲁等地生产的白银也源源不断地流入西班牙，使西班牙成为雄霸欧洲的"白银帝国"。1580年以后，西班牙与葡萄牙由于王室联姻而处于同一个国王的统治之下，联合之后的伊比利亚王国更是成为全欧洲最强大的国家。然而到了17世纪，随着欧洲内部力量对比的变化，欧洲列强在海外的贸易和殖民格局也发生了巨大的变化，贸易的性质也由进口为主转变为出口为主，即由从海外购买生活品和奢侈品转为向海外销售工业制造品。

英国的殖民扩张

新航路发现以后，英国成了世界航路的中心，它也开始试图进行海上探险活动。但是，在16世纪，西班牙是掌握海上霸权的殖民大国，英国还不具备同它抗衡的力量。因此，英国的海外活动伴随着海盗行径，出现了许多冒险家，如霍金斯、德雷克等。他们到非洲掠夺黑人卖作奴隶，截击西班牙人从美洲运回金银的船只，还不时袭击西班牙的殖民港口。他们的海上抢劫活动还得到英国女王伊丽莎白的支持和鼓励。

1588年，英国打败了西班牙的无敌舰队，开始建立海上霸权。17世纪开始，英国积极地在海外进行殖民扩张。1600年，伦敦商人组成英国东印度公司，不久又组成伦敦公司和朴次茅斯公司，开始向亚洲和美洲殖民。100余年间，英国在印度控制了许多殖民据点，站稳了脚跟。与此同时，英国的伦敦公司于1607年开始向北美移民，建立了第一块殖民地弗吉尼亚。1620年，由朴次茅斯公司组织的移民到达北美，奠定了另一块殖民地马萨诸塞的基础。到18世纪30年代，英国共在北美大西洋沿岸建立了13个殖民地。另外，它还在西印度群岛夺取了许多岛屿。

17世纪初，英国开始集中力量侵略印度。1613年，在印度西海岸的苏特拉建立了贸易据点，然后相继在东西海岸取得马德拉斯、加尔各答和孟买，此后从这些据点向印度其他地区扩张。在北美，除13个殖民地以外，加拿大北部的哈德逊湾地区也属于英国，在加勒比海，英国还占有百慕大群岛和牙买加岛。

法国的殖民扩张

早在16世纪上半期，法国也在海上探索新航路。航海家雅克·卡提耶沿着卡波特的路线航行，到达北美的圣劳伦斯河流域，同样没有找到通往亚洲或印度的航线。法国在北美进行的殖民活动，也同英国一样始于17世纪初。经过几十年的开拓，法国控制了从圣劳伦斯河到密西西比河的广大

地区。

1600年，法王准许法国公司在圣劳伦斯河流域建立居民点，进行贸易。几年以后，魁北克城作为一个皮毛贸易中心建立起来，后又建立了蒙特利尔城。沿圣劳伦斯河到五大湖区，法国建立了一块广大的殖民地，称新法兰西。法国殖民者同印第安人进行皮毛交易，牟取暴利。他们探索大湖区，又沿密西西比河试航，1682年沿河南下，到达河口。法国宣布这一广大地区为它的殖民地，称之为路易斯安那。在西印度群岛，法国后来也占有一些岛屿，如海地等。

地理大发现使得海洋成为西方通向东方的"宽阔的跳板"，从此以后，海洋就逐渐取代陆地而成为联系的主要途径。近代的西方世界，以海洋代替了草原，以劈波斩浪的船舰代替了迅急驰骋的战马，最终完成了草原上的游牧民族几千年来始终未能实现的征服世界的事业，将整个世界都置于西方文化的影响之下。

15世纪开始的航海活动和地理大发现开创了人类历史的新纪元，它不仅使贫穷落后的欧洲走上了一条富强之路，而且从根本上改变了整个世界的政治、经济、文化格局。通往新大陆和印度、中国、东南亚等地航路的发现导致了殖民主义时代的到来，而海外扩张和殖民活动所带来的经济利益又反过来加速了欧洲社会经济结构的变化，促进了资本主义的发展。正是通过航海活动和地理大发现，欧洲才从偏僻孤陋的边隅一跃成为闻名世界的中心，从默默无闻的观众变成了世界历史舞台上的主角。同时，欧洲内部的政治、经济格局也随着海外扩张的发展而逐渐变化，老牌的殖民主义国家葡萄牙、西班牙虽然曾一度独领风骚，但是在17世纪却无可挽回地衰落下去，而新兴的殖民主义国家英国、荷兰、法国等则日益壮大，成为资本主义强国和全球殖民化过程的主力军。

君权民授　民族国家崛起

16世纪，英国人霍布斯在他的名著《利维坦》中这样写道："我们看见天生爱好自由和统治他人的人类生活在国家之中，使自己受到束缚，他们的终极动机、目的或企图是预想要通过这样的方式保全自己并因此而得到更为满意的生活。""如果要建立这样一种能抵御外来侵略和制止相互侵害的共同权力，以便保障大家能通过自己的辛劳和土地的丰产为生并生活得很满意，那就只有一条道路：把大家所有的权力和力量托付给某一个人或一个能通过多数的意见把大家的意志化为一个意志的多数人组成的集体……这就不仅是统一和协调，而是全体真正统一于唯一人格之中；这一人格是大家从相互订立信约而形成的……像这样统一在一个人格之中的一群人，就成为国家"。经历了文艺复兴运动和生产方式的深刻变革，国家既不是古代罗马帝国的审议体现，也不是中世纪教会的附庸，而是世俗的人们为了"满意的生活"而作出的一种理性选择，因此国家在本质上属于"相互订立信约"的"大家"、"全体"，是"统一在一个人格之中的一群人"，这样的国家正是16、17世纪欧洲民族国家形成时期的写照。文艺复兴之后，民族语言文学受到推崇，逐渐形成了像英国、法国这样的语言文化的民族共同体。教会在世俗政治斗争中的失败和新教革命，使一些政治区划逐渐走上独立发展的道路，如瑞典、瑞士等。更为重要的是，新兴的资产阶级和市民社会欢迎一个强有

力的中央政府，对内可以统一经济制度和政策，打破封建割据所形成的分裂和贸易障碍，建立统一市场；对外可以保护本国的船队和国际贸易市场，限制外国竞争者。这些新兴力量成为民族国家的主要社会基础。有实力和野心的国王们，要打击封建贵族和扩充版图，需要日益兴旺的工商业为他们提供财政收入，以维持越来越庞大的军事开销。封建贵族逐渐衰落下去，农民和城市平民则希望国家而不是过去的贵族提供更多的法律保护和公平正义。欧洲的民族国家成为近代历史开始时第一个呱呱坠地的婴儿。

意大利的人文主义并没有真正对罗马教会构成威胁，人文主义者一般不敢触犯教皇和罗马教会的统治地位，教皇和罗马教会则尽量以克制的态度来对待人文主义者伸张人性的要求。这种相互谅解的默契使得罗马教会可以腾出手来全力对付真正的隐患——宗教改革运动。然而就在罗马教会把所有的力量都动员起来去压制宗教改革时，另一支潜在的威胁力量却在悄悄地崛起。罗马教会只看到了它的精神上的敌人，却忽略了它的物质对手，这个狡猾的物质对手就是正在发展壮大的民族国家。在16—17世纪，欧洲大陆最强大的国家是西班牙和法国，但是西班牙的国家主义是旧式的，带有浓郁的中世纪"神国"气息和"王朝国家"特点，法国的国家主义才是新兴的和民族主义的。而另一个近代强国——英国，自从百年战争以后就不再染指欧洲大陆的疆域，趁着欧洲大陆陷入宗教战争的大好时机潜心发展自己的国力，与欧洲大陆的西班牙和法国形成了三足鼎立的格局。此外还有刚刚从西班牙的统治之下获得独立的荷兰共和国，也迅速地成长为一个具有强大综合国力的欧洲大国。到了17世纪中叶以后，当遍体鳞伤的罗马教会终于从持续了100多年的宗教战争中缓过气来时，它惊异地发现新兴的民族国家已经在天主教的法国和新教的荷兰、英国成长为顶天立地的巨人。如果说宗教改革摧毁了罗马教会的精神垄断权，那么民族国家这个近代的"安泰"则彻底粉碎了罗马天主教会建立"人间天国"的梦想。

在中世纪，与统一的教会相对应的是分散的封建采邑，各种封国多如牛毛，彼此之间的疆界也在不断地改变。在13世纪以前，只有查理曼大帝的法兰克王国在外观上具有一些罗马帝国而非近代专制国家的特点。然而在实质上，查理曼帝国仍然只是一个军事行政联合体，在帝国和各地区之间缺少经济上的联系，帝国领土上的居民们也缺乏民族意识和爱国精神。神圣罗马帝国自从建立以来，虽然在中世纪的历史中扮演了一个重要角色，但是在大多数时候只是一个徒有虚名的空架子，在它的疆域内存在着数不清的国中之国，帝国的命运在很大程度上操纵在那些反复无常的诸侯们手中。神圣罗马帝国从来没有像罗马帝国一样成为一个真正意义上的帝国，神圣罗马帝国的皇帝除了极少数铁腕人物如腓特烈一世等以外，一般都是武力控制德国的诸侯们，而且往往还成为受制于后者的政治傀儡。正是由于这种有名无实、四分五裂的状况，使得神圣罗马帝国在与罗马教会的长期较量中最终败北。

民族意识或爱国心是中世纪后期出现的一种新的精神力量，这股力量在宗教改革中与不同的宗教信仰结合在一起，成为促进西方近代国家主义产生的重要因素。宗教改革运动之后，由于不同的地域和民族之间形成了微妙的联系，使得宗教信仰与民族意识、爱国热情相互激励，彼此促进，最终导致了近代民族国家的发展壮大。例如，加尔文教使尼德兰人民团结起来，从共同的宗教信仰中培养出共同的民族感情，终于使荷兰共和国摆脱西班牙的统治而独立；安立甘教加强了英国人们关于"英格兰属于英格兰人"的传统信念，使英国在与信奉天主教的西班牙的斗争中逐渐发展成为一个强大的民族国家；而天主教信仰则使得爱尔兰人一直否认自己是英国的臣属，这种抵触情绪至今仍在北爱尔兰地区

明显存在着。

　　普通民众关于一个政治统一体和文化统一体的心理认同，是近代民族国家产生的重要标志，而这种政治上和文化上的认同最初是与宗教改革所造成的信仰认同紧密相关的。近代民族国家的特点在于，国家的疆域不再由于王室的联姻而发生转移和改变，国家由国王的私有财产变成了大多数民众，尤其是民众普遍关心的共同政治单元，成为"民族的"国家。除国王、贵族之外的其他民众也有资格参与国家的事务，这种大众参与最初表现为等级森严的"三级会议"或议会制度，国家权力则采取了专制君主制的政体形式。

　　由于资本主义在欧洲各地区的发展很不平衡，民族国家的发展历程也不尽相同。中欧和东欧资本主义发展相对缓慢，而且长期遭受异族的侵略和宗教的纷争。只有大西洋沿岸国家的资本主义大步向前发展。英国都铎王朝的第一任国王亨利七世打击贵族，建立皇室法庭，扩充海军，奖励贸易。法国国王路易十一和他的后继者依靠对外战争和与资产阶级的联合，削弱了封建贵族势力，逐渐确立起君主专制政体。

　　在西方的历史学中，通常把17、18世纪称为"专制主义时代"。在这里，"专制主义"一词并非指道德上的暴虐，而是指政治上的集权。法国的专制主义在路易十四统治时期达到顶峰，英国的专制主义则在1707年合并苏格兰，形成大不列颠王国时达到顶峰。此时，西方近代民族国家逐渐取代了罗马教会和王朝国家而成为历史的主角，国家之间的冲突与联系取代了国家与罗马教会之间的冲突与联系而成为国际关系的主要内容。政教分离和国家利益至上的观念使罗马天主教会丧失了政治上的独立性和发号施令的权力，从天主教世界中分离出来的新教则成为各个民族国家的宗教。君主专制最初是从罗马法和基督教的"君权神授"思想中寻找理论根据的，到了17世纪霍布斯等自然法学派的社会契约论中，它的根据又由"君权神授"转变为"君权民授"。然而这种"君权民授"的契约论思想必然要与"绝对君权"的现实发生不可调和的矛盾，从而最终导致了君主专制的瓦解和君主立宪或民主政体的出现。

英国"光荣革命"开创君主立宪

1603年，统治英国达46年之久的伊丽莎白女王去世，她的外孙苏格兰人詹姆斯一世继承王位，将英格兰和苏格兰两个王国联合起来。但英国人并不怎么喜欢新国王，因为国王反对多数苏格兰人信仰的长老会清教，同时大谈"神授王权"，宣扬"朕即国家"。詹姆斯一世和他的儿子查理一世未按传统向议会咨询就开始征收新税，特别是对商人、船舶所有者和其他市民阶级征税。一般说来，中产阶级和新贵族们支持王权以改善国际国内的商业环境，但他们支持的是代表民族国家的政府权力，而不是国王的骄奢淫逸和专制独裁。国王越来越感觉到他不是英国臣民及其财产的最后主人，几乎每一次征税都会遇到这样那样的麻烦，纳税人越来越喜欢问国王为什么征税，国库收入究竟怎样开销。国王不顾舆情的独断专行，不可避免地引起资产阶级和英国各阶级人民的反抗。

1628年，国王查理被迫召开议会，希望能为日益增加的开销找到补充国库的办法。议会虽然同意拨款，但同时提出一个《权力请愿书》要国王批准。请愿书陈述了人们的种种痛苦之后提出几项具体的权利要求，如国王未经国会同意不得强行借款和征税，不得没有法律依据或未经判断而随意逮捕人和剥夺财产等，这无疑是第二个《自由大宪章》。查理决意撇开议会，完全用专制的手段统治国家，终于引发了革命。当1640年重开议会时，代表资产阶级新贵族的议员们号召国人起来为维护自己的权利而斗争。经过数年战争，国王失败了。1649年，查理一世被送上了断头台。

查理一世被处死后，军事领袖克伦威尔在共和国的名义下实行个人的独裁统治。克伦威尔死后，那些强横的将领和各怀野心的政客重新活跃起来，给保守的英国人带来"新混乱"的恐惧，议会于是批准恢复君主政体，查理一世流亡海外的两个儿子先后被扶上王位。但是斯图亚特王朝同国会的矛盾太深，王室总是企图恢复君主专制统治，无法弥平宗教、政治的各种纷争。英国的资产阶级和新贵族自己的财产没有像预期的那样受到国王的保护，他们对国王的倒行逆施不满。各派政治势力又一次找到了共同语言：尽快摆脱现在的国王。1688年，已成为孤家寡人的国王詹姆斯逃往法国。这一次英国人十分谨慎，不愿意再造就克伦威尔式的独裁统治者，他们宁愿要一个不称职的国王。经过议会的激烈辩论，詹姆斯二世的女儿、已是新教徒的玛丽和她的丈夫威廉被迎回英国继承王位。

这次政变实质上是资产阶级新贵族和部分大土地所有者之间所达成的政治妥协。政变之后，英国逐渐建立起君主立宪制。1688年的这场和平的政变被英国历史学家称为"光荣革命"，它在欧洲政治发展史上具有重大意义，因其创造了一种前所未有的制度文化——君主立宪。

"光荣革命"后的英国仍然以国王为国家元首，共和国的理想就此同英国人告别。但"革命"完全是在议会的操纵下实现的，议会通过了《权利法案》，其全名为《宣布臣民权利和自由与确定王位继承法案》，成为英国宪法的基本文件。《权利法案》规定国王不得干涉国会事务，强调国会必须自由选举，议会必须有充分的言论自由，国王不经议会同意，不能征税和拥有军队。这样的制度就是今天为世人所熟悉的君主立宪制。议会成了事实上的最高国家权力机构，议会斗争成了国家政治生活的中心环节。英国议会逐渐形成两派，比较激进的一派，代表工商业资产阶级以及同它有联系的土地贵族的利益，被对方骂为"辉格"（苏格兰语，意为盗马

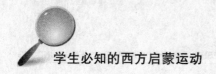

贼);另外一派同宫廷和旧贵族有较多的利益联系,政治上相对保守,被反对派斥为"托利"(爱尔兰语,意为天主教歹徒)。后来两派干脆自称"辉格党"和"托利党",他们轮流在选举中获胜,从而支配议会,指导政府,形成欧洲政治文化中的"两党制"惯例。

与政党制度相联系的是内阁制。革命以前,英国国王作为最高行政长官,选择贵族和亲信充当助手和顾问,形成一个管理政务的中枢机构,称为"内阁"。"光荣革命"之后,内阁不再是国王的私人"内阁",更多的是作为国会的执行委员会,国王总是照例从下议院多数党的领袖中任命负责行政事务的内阁成员。当然,完善的议会内阁制度还要经过一段漫长的发展时期,但是它的雏形显然在17世纪的英国即已形成。

新型的民族国家并不是按照人们预先设计好的理想模式创造出来的,而是历史文化传统和政治实力的现实状况的自然发展。当荷兰和英国的资产阶级开始掌握国家政权的时候,他们不是直接从古代希腊罗马文化和文艺复兴时期的文化巨人那里获得理论依据的,充满生机的欧洲资产阶级必须为自己的行为提供全新的社会理论,从而确立新的价值观和资产阶级意识形态。启蒙运动就是在这样的社会背景下发生的一场深刻的文化革命。

路易十四强硬的君主专制

法兰西国王路易十四（1638—1715年），史称路易大帝。他亲政54年（1661—1715年），造就了法国专制制度的极盛时期。在他的统治下，法国一度统治整个欧洲，伏尔泰曾把这个时期称为"路易十四的世纪"。路易十四时代的来临如同灿烂的日出一样，一下子就在欧洲文化的地平线上树立起一个崭新的法兰西形象。

1638年9月5日，路易十四诞生于圣日耳曼的王室城堡。他是法王路易十三和王后奥地利的安娜的长子。1643年，路易十四继任法兰西国王，那时他还是个年幼的孩子，之后一直统治法国到1715年其生日前4天去世为止，享年77岁。路易十四在当时被看作一个奇迹，因为他的父母结婚23年没有子女。他4岁时（1643）就登基做国王了，他的母亲奥地利的安娜代他执政，但此后的18年中红衣主教茹尔·马萨林是法国的真正统治者。直到1661年马萨林死后他才开始亲政。他的执政期是欧洲君主专制的典范。

直到22岁，路易十四才开始对统治国家产生兴趣。令所有人吃惊的是，他相当擅长此道。路易十四统治法国前后达72年之久。他自称为太阳王，是世界上执政时间最长的君主之一。17世纪的法国人在言行方面处处都显示出自己是全欧洲最有教养的民族，作为法兰西人的绝对专制主义的君主，路易十四绝非一个粗野的暴君，他的言谈举止庄重典雅，见了宫廷

女仆都要脱帽致敬，为所有宫廷贵族作出了表率。路易十四时代的上流社会人物是在重礼节、尚优雅的文化环境中熏陶出来的。丹纳指出：这些显贵人物品性高尚、珍视荣誉，他们常常为了责任和尊严而不惜放弃性命。以路易十四为引领的这种上流社会的高雅风尚对于法国一般民众的文明教化也产生了深刻的影响。

在红衣主教阿尔芒·让·德·普莱西·黎塞留和马萨林的外交成果的支持下，路易十四在法国建立了一个以他为中心的、巴洛克式的专制王国。他发动战争、在凡尔赛宫举行豪华的庆典、资助艺术和科学的发展来为他自己增光。在他的大臣如让·巴蒂斯特·柯尔贝尔的帮助下他将整个法国的官僚机构集中于他的周围，以此增强了法王的军事、财政和机构的力量。但是在他执政后期，因其奢侈无度，法国国库空虚，濒临破产。

当路易十四1661年开始掌政时，法国已经濒临破产了。大量的战争和宫廷的支出促进了商业的发展和货币的流通，他统治的晚期估计法国税收的一半用在凡尔赛宫的支出中，此外许多钱财也消失在官僚机构的贪污中。

当时法国的税收有商业税、盐税和土地税，法国过时的税收制度规定贵族和僧侣不必纳税，因此沉重的税务负担就完全落到农民和正在兴起的中产阶级市民身上了。法国大革命爆发的原因之一就是对法国税收制度的不满。

路易十四的财政部长柯尔贝通过克服贪污和整顿官僚机构的方法来提高法国的税收，但这些手段还是无法降低法国的巨债。

路易十四用专制主义的术语界定了他的责任：既需要集中王权，同样需要实现普遍的国内安宁。在抚慰贵族的同时，他安抚资产阶级，安插其成员进行行政管理工作。他任命他们为省长，负责法国36个财政区的行政事务与税收。

　　路易十四促进统一和中央集权的努力还得益于他依赖日益增加的国库收入以供养其专制君主制民政和军事机器的能力。这些收入在很大程度上是让·巴蒂斯特·科尔贝尔所推行的政策和纲领的结果。科尔贝尔自1664年直至去世一直担任国家财政大臣，是一位精力充沛的重商主义者，他认为，法国只有在其国库井然有序后才能在经济上取得伟大的地位。科尔贝尔当政之初，王国各地的税收只有25%进了国库，到他去世时，这一数字上升为80%。

　　路易十四认为，要获得无上的权力，必须统一法国人的宗教信仰。对路易十四和他的大主教们来说一个统一的法国就是一个天主教的法国，因此他对新教徒施加压力，尤其以1685年的《枫丹白露敕令》最为凶狠。他以此推翻了法王亨利四世1598年颁布的宽容的《南特赦令》，敕令下达后胡格诺派的教堂被摧毁，新教的学校被关闭。路易十四的这个命令迫使许多胡格诺派教徒移居国外，大多数移居荷兰、普鲁士、英国和美国。这是一个历史性的错误，因为许多逃亡者是非常好的手工业者，他们的技巧与他们一起流亡国外。这些流亡者给他们到达的国家带去了巨大的财富。

　　路易十四对外宣布说他"自己将是自己的首相"。国家的文件都要他亲自签署，不准大臣们反驳他。他对太子说："上帝要求每一个生而为臣民的人绝对服从他，全部权力要完全集中在孤家手里。"他剥夺了巴黎高等法院和各地法院的权力，把巴黎法院的某些法官流放。公元1668年路易十四亲自到巴黎法院去，亲手从议事录里撕掉有关投石党的记录。他对法官说："先生们，你们认为国家是你们的吗？国家是我的（朕即国家）！"法院已经失去扣留国王法令和对这些法令表示异议的权利。"朕即国家"体现了路易十四在法国实行绝对专制主义统治，他的统治也使法国专制王权达到极盛，这也就是为什么这一时期被称为"路易十四时代"。

在法国，路易十四因为使法国强大而受到尊敬，但他无计量地发动战争使法国的国家经济破产，他不得不不断加强对农民的税收要求。法国历史学家阿历克西·德·托克维尔认为，重税、对贵族的削权以及没有政治权力的市民阶层对政策的不满是导致1789年法国大革命的政治、社会和经济原因。

帝国崛起　欧洲政治格局改变

对于近代欧洲的国际格局来说，有两个重要的外部力量举足轻重，一个是占据着东南欧虎视眈眈的奥斯曼帝国，另一个则是在东北欧迅猛崛起的俄罗斯帝国。在15—19世纪的几百年时间里，这两个庞然大国呈现出相反的发展趋势，他们不仅对西欧世界构成了严重的威胁，而且彼此之间也在东欧和黑海周围的广大地区形成了直接的对峙。

奥斯曼帝国

奥斯曼土耳其人原是游牧于中亚地区的一支突厥部落，11—13世纪间受蒙古人的挤压，向西迁徙到小亚细亚。1299年，奥斯曼一世建立了独立王国，1300年，奥斯曼开始自称苏丹，宣布他的部落为独立的伊斯兰国家，即爱米尔国。

奥斯曼帝国真正大举扩张是在奥斯曼的儿子乌尔汗（1326—1329）统治时期。乌尔汗为了进一步扩张，建立了正规的常备军。新军建立初期只有1万人，到16世纪中期发展到4万人，17世纪初发展到9万人。当时，奥斯曼帝国有着良好的扩张条件，拜占庭已经衰落，罗姆苏丹国也已经分裂。奥斯曼帝国首先占据了原来罗姆苏丹国的大片地区，并以此为基础，开始大规模地向欧洲扩张。1331年，奥斯曼军队打败拜占庭帝国军队，攻

占了尼西亚城。

乌尔汗的儿子穆拉德一世（1359—1389）在位时，奥斯曼帝国占领了整个色雷斯东部。1396年，在多瑙河畔的尼科堡战役中，奥斯曼军队一举打败了匈牙利、法兰西、德意志等国的联军，将近一万名十字军被俘，除了用巨款赎回300名贵族骑士外，其余的几乎全部被杀。从此，欧洲人只能眼睁睁地看着奥斯曼帝国扩张。于是，巴尔干半岛逐渐落入奥斯曼帝国的版图，拜占庭帝国危在旦夕。

苏拉德二世（1421—1451）时，奥斯曼帝国内部的战争停止下来，又继续向欧洲扩张。1430年，苏拉德二世率军占领帖撒罗尼加，拜占庭实际上已处于包围之中。到穆罕默德二世（1451—1481）统治时期，开始了对君士坦丁堡的直接进攻。君士坦丁堡终于在1453年5月29日被攻陷，皇帝君士坦丁十三世阵亡，千年的帝国灭亡了。土耳其人攻陷该城之后，大肆劫掠3天，许多居民被杀或被掠为奴隶。奥斯曼帝国迁都于此，并把君士坦丁堡改名为伊斯坦布尔，即伊斯兰教的城市，著名的圣索菲亚大教堂也被改为清真寺。

拜占庭帝国的灭亡，使东欧失去了屏障。奥斯曼帝国继续扩张，在巴尔干征服了摩利亚和雅典公国，在爱琴海上攻占了威尼斯人和热那亚人占有的岛屿。1459年又征服了塞尔维亚全境，1463年到1465年间征服了波斯尼亚和黑塞哥维那，1479年占领了阿尔巴尼亚。此外，在中间地区，奥斯曼帝国迫使瓦拉几亚和摩尔达维亚承认其宗主权。土耳其人还把热那亚人在黑海岸边的殖民地及重要商业城市卡法夺了过去，克里米亚汗也被迫臣服于奥斯曼帝国。

此后，奥斯曼帝国暂时把侵略矛头指向东方。在苏丹塞里姆一世（1512—1520）统治时期，开始了与伊朗的长期战争。苏里曼一世（1520—1560）时期，帝国达到了鼎盛。苏里曼是个非常有作为的苏丹。他把全部精力放在进攻欧洲上，继位不久就开始向欧洲全面进攻。1521年，他派兵攻占当时属于匈牙利的贝尔格莱德。1526年，在摩哈赤战役中击溃了匈牙利国王的军队，攻陷布达佩斯。以后数次进攻奥地利，甚至打到了维也纳。但在欧洲碰到了德意志神圣罗马帝国的全力抵抗，进攻的势头被遏止。

1683年奥斯曼土耳其人最后一次围攻维也纳失败，从此国力由盛转衰。

俄罗斯帝国

如果说奥斯曼帝国在近代的命运向我们展示了一个庞大帝国由盛转衰的过程，那么俄罗斯的情况却恰恰相反。

一开始俄国只是一个在莫斯科附近的小国，其帝国的地位并不被西方所承认。1696年，年轻的彼得一世沙皇亲政后，为了保护南方的国界而开始对抗鞑靼和奥斯曼帝国。为了继续与奥斯曼帝国的战争，彼得开始到欧洲寻找盟友并学习西方的科学技术，拜访了勃兰登堡（普鲁士）、荷兰、英国和神圣罗马帝国（奥地利）等国家。

为了增加与西方交流的机会和寻找俄国在波罗的海的出海口，彼得在1700年与奥斯曼帝国停战，并对当时欧洲最强国家之一的瑞典宣战。在芬兰湾的纳尔瓦，瑞典军证明了俄国军完全不是他们的对手。幸运的是，瑞典在这时陷入了波兰王位的争夺当中。在这喘息的时间，彼得建立了一支新式西方化的军队；当两支军队在1709年在波尔塔瓦再度相遇时，俄国击败了瑞典。北方战争一直持续到了1721年，瑞典同意了《尼斯塔得条约》，俄国终于得到了在波罗的海的出海口以及与西方交流的窗口。

叶卡捷琳娜二世时代是俄罗斯帝国的第二个盛世，帝国在南方和西方

得到相当大的新版图。到了18世纪末，俄罗斯已经兼并了爱沙尼亚、立陶宛、克里米亚等西方领土，在黑海北岸建立了敖德萨港口，并且三次瓜分了波兰。此时的俄罗斯已经从15世纪弹丸之地的莫斯科公国发展成为一个地跨亚欧两大洲的超级帝国，取得了与西欧列强平起平坐的资格。

19世纪初击败了入侵的拿破仑军队之后，俄罗斯更是以欧洲解放者的身份进入西方社会大家庭，具有了与欧洲另一个超级强国——英国相抗衡的政治筹码和军事实力。在1814—1815年的维也纳会议上，俄国终于如愿以偿地获得了对波兰的统治权。并且在持续了近200年的俄土战争之后，于19世纪下半叶决定性地战胜了奥斯曼帝国这个阻碍俄罗斯南进的宿敌，夺取了黑海沿岸、高加索地区和巴尔干半岛的大片土地。

19世纪晚期和20世纪初期对俄国来说是一个危机时期。欧洲的工业革命使得俄国与西方的发展相差越来越大。虽然帝国的人口较任何一个欧洲发展国家都多，但大部分都是贫穷的农奴。1905年日俄战争的失败更导致民心对皇权丧失信心，俄国境内不断发生流血革命，而第一次世界大战则是压垮骆驼的最后一根稻草。1917年3月，首都彼得格勒市民发动反饥饿游行，引发二月革命。3月2日沙皇尼古拉二世退位，传位给弟弟米哈伊尔大公，但是遭到他的拒绝，于是罗曼诺夫王朝灭亡，被由亚历山大·克伦斯基所领导的俄国临时政府所取代。

作为俄国历史上最后一个封建国家，俄罗斯帝国未能完成从封建制度向资本主义制度过渡的任务。因此，最终摧毁俄罗斯帝国的并非俄国资产阶级，而是平民。但是，俄罗斯帝国的建立，从一定程度上反映了俄国国际地位和政治军事实力的变化。

三十年战争与欧洲宗教宽容

16世纪至18世纪的欧洲大地烽火连天，战事不断，各个时期的战争有着不同的特点和起因。16世纪的战争主要是由宗教改革引起的宗教战争。而17、18世纪的战争则多与各王权国家间的势力争夺有关。

在欧洲历史上，第一次大规模的国际性战争应当是发生在1618—1648年的三十年战争。它由神圣罗马帝国内战引发，把欧洲主要国家全都卷入进来，而且带有浓重的宗教色彩，对欧洲的历史进程产生了深远的影响。

三十年战争的直接起因是神圣罗马帝国皇帝马提亚斯违背诺言，要让自己的一个亲戚当波希米亚国王，被激怒了的波希米亚贵族立即举行起义，宣布独立，并推选信奉加尔文教的选侯普法尔茨的弗里德里希为国王。哈布斯堡王朝迅速镇压了起义，并占领了波希米亚。德意志的一些新教统治者和信奉新教的丹麦和瑞典等国君主遂联合起来（以瑞典为首）反对奥地利的侵略，并乘机扩张领土。1630年，法国卷入战争，并很快成为奥地利的主要对手。当时法国的决策人物是红衣主教黎塞留，他本是天主教人士，可为了波旁王朝的世俗利益，他却和德意志新教徒结成联盟去同信奉天主教的奥地利和德意志天主教诸侯作战。1635年，法国向支持奥地利的西班牙宣战。站在法国方面的还有萨伏依、威尼斯和匈牙利等国家。法国方面还得到了荷兰、英国与俄国的支持，并获得了最终的胜利。至此，神圣罗马帝国皇帝无力再战，被迫求和。同年十月，参战各方签订

《威斯特伐利亚和约》，战争结束。

三十年战争是欧洲近代史上的第一次国际性战争，他的主要战场是四分五裂、苦难深重的德国，参加者不仅有德国的新教诸侯和天主教诸侯、神圣罗马帝国，而且还有信奉天主教的西班牙和法国，信奉新教的英国、荷兰、瑞典和丹麦，甚至连东正教的俄国和伊斯兰教的奥斯曼帝国也利用这场战争来坐收渔利。战争持续了30年，经历了四个阶段的战役，新教阵营和天主教阵营互有胜负。战争的结果虽然使波兰、波西米亚和奥地利等国重新改信了天主教，但是北部欧洲的新教阵地却变得异常稳固，而且在天主教的法国，加尔文教的少数派团体也像雨后春笋一般散布在广阔的大地上。三十年战争对近代欧洲国际社会的形成和发展具有极其重要的意义，主要表现在它彻底削弱了神圣罗马帝国，确认了欧洲主权国家体系的存在，同时还有力的促成了近代国际法体系的诞生。

《威斯特伐利亚和约》不仅结束了30年战争，而且也结束了一个时代，即宗教专制的时代。

从此以后，信仰成为私人的事情，一个人崇奉哪一派的宗教信仰全然由他自己决定，正如他可以根据自己的兴趣来选择不同的服饰和食物一样。到17世纪中叶，人们对不同教派的并存现象已经习以为常，对教派之争则感到厌倦。在这种情况下，首先在荷兰，继而在整个欧洲大多数国家出现了宗教宽容的精神。信仰上的自由极大地促进了欧洲学术的复兴，宗教宽容成为西方近代科学和哲学生长的温床，从而使17世纪成为科学和哲学的"天才世纪"。在宗教宽容的精神氛围中，哥白尼在16世纪不敢发表的科学假说，到了17世纪由开普勒修改后理直气壮地表述出来。1600年布鲁诺由于坚持日心说被罗马教会烧死，而当1633年伽利略迫于宗教裁判所的淫威不得不对地球转动的学说表示悔过时，他仍然敢在悔过之后说道："无论如何，地球还在转动着！"在伽利略生活的意大利，愚昧的宗教专制仍在肆虐，然而在宗教气氛较为宽松自由的英国，牛顿已经取代上帝，成为物质世界的主宰。

此外，与英国对宽容问题展开的最初的思想探讨相呼应，作为光荣革命和解的组成部分，1689年英国颁布了有限的《容忍法案》。这个法案承认非圣公会新教徒（不从国教者）的信仰，却未取消对他们生活方式的其他限制。直到19世纪，英格兰才推行了充分的宗教宽容，解除了对非圣公会教徒的权力限制。

宽容问题在路易十四统治后期成为关注的焦点。路易十四断定，王国内存在的不同宗教威胁到王室的绝对主义。为改变这一状况，路易十四下令废除了《南特赦令》，从而剥夺了法国加尔文教徒自1598年以来就享有的优先宽容。胡格诺教徒被勒令皈依罗马天主教。许多人服从了天主教，还有许多人逃到尼德兰联省共和国、柏林和英格兰等安全地区。

路易十四死后，政府对法国人生活和思想的控制大为放松。在这样的氛围中，早期的启蒙哲学家着手探讨宽容问题。18世纪，争取宽容的运动势头大增，反教权主义、改革呼声以及对宗教信仰的批判等法国启蒙运动的重要内容无疑声援了宽容运动。伏尔泰的名字通常与宽容问题联系在一起，重农学派和杜尔哥等重农主义追随者也拥护宽容思想。在法国革命前夕，宽容运动终于赢得了官方的承认。1784年，取消了法国犹太人必须缴纳的各种特别税。1787年颁布的《宽容法令》授予法国新教徒公民权，废除了针对其婚姻的禁令。

法国革命最终切断了阻碍宽容事业的罗马天主教与世俗国家的联系。然而，在最激进的革命阶段，革命领袖以彻底的世俗化和最高存在崇拜——一种人为的国家理性宗教，来代替传统的宗教仪式。这样，他们就以理性、人类进步的名义助长了对各种传统宗教信仰的不宽容。

启蒙运动初期，中欧德语地区官方对于宗教多样性表现出不同的态

度。除普鲁士外，大多国家以宗教归一为目标。随着启蒙运动的深入，普鲁士的例子表明，并非只有推行宗教统一才能确保对国家的严密控制。对中央政府来说，宽容似乎还有很多实际的好处。与此同时，莱辛、门德尔松等德国作家不断呼吁以道德和理性为基础的宽容。德国境内星罗棋布的共济会强调人类普遍的手足之情，为宽容提供了哲学上的支持。

1781年，宽容运动在奥地利取得进展，哈布斯堡皇帝约瑟夫二世颁布了《宽容法令》，授予所有非天主教徒公民权。法令条文同时适用于新教徒和犹太人。法令取消了犹太人在衣着方面的限制以及只能住在犹太人聚居区的规定。

美国建国后，宗教宽容及政教分离的原则载入《美国宪法》和《美国人权法案》。各州可自行决定是否支持官方的教会，到1833年，各州都决定推行政教分离原则。

启蒙运动孕育出呼吁宽容的杰出文学作品：伏尔泰的《哲学辞典》、莱辛的《智者纳旦》、洛克的《论宽容的信札》。新的政治理论和道德哲学为政教关系的重大转变奠定了理论基础。普遍人权的呼声有助于营造出一种道德紧迫感。经济繁荣和稳定的现实考虑也表明，推行宽容乃是明智之举。这些因素的综合作用使启蒙时代成为激进变革的时代，要求人们把宗教多样性当做人类生存的一个正常要素。

实验科学的始祖——培根

　　弗朗西斯·培根于1561年1月22日出生于伦敦一个官宦世家。父亲尼古拉·培根（1510年12月28日——1579年2月20日）是伊丽莎白女王的掌玺大臣，曾在剑桥大学攻读法律，他思想倾向进步，信奉英国国教，反对教皇干涉英国内部事物。母亲安尼是一位颇有名气的才女，她娴熟的掌握希腊文和拉丁文，是加尔文教派的信徒。良好的家庭教育使培根成熟较早，各方面都表现出异乎寻常的才智。12岁时，培根被送入剑桥大学三一学院深造。在校学习期间，他对传统的观念和信仰产生了怀疑，开始独自思考社会和人生的真谛。

　　在剑桥大学学习三年后，培根作为英国驻法大使埃米阿斯·鲍莱爵士的随员来到了法国，在旅居巴黎两年半的时间里，他几乎走遍了整个法国，接触到不少的新鲜事物，汲取了许多新的思想，这对他的世界观的形成起到了很大的作用。1579年，培根的父亲突然病逝，他要为培根准备日后生活之资的计划破灭，培根的生活开始陷入贫困。在回国奔父丧之后，培根住进了葛莱法学院，一面攻读法律，一面四处谋求职位。1582年，他终于取得了律师资格，1584年当选为国会议员，1589年，成为法院出缺后的书记，之后这一职位竟长达20年之久没有出现空缺。他四处奔波，却始终没有得到任何职位。此时，培根在思想上更为成熟了，他决心要把脱离实际、脱离自然的一切知识加以改革，把经验观察、事实依据、实践效果

引入到认识论中。这一伟大抱负是他科学的"伟大复兴"的主要目标，是他为之奋斗一生的志向。

1603 年，伊丽莎白去世，詹姆斯一世继位。由于培根曾力主苏格兰与英格兰的合并，受到詹姆斯的大力赞赏。培根因此平步青云，扶摇直上。1602 年受封为爵士，1604 年被任命为詹姆斯的顾问，1607 年被任命为副检察长，1613 年被委任为首席检察官，1616 年被任命为枢密院顾问，1617 年提升为掌玺大臣，1618 年晋升为英格兰的大陆官，授封为维鲁兰男爵，1621 年又授封为奥尔本斯子爵。但培根的才能和志趣不在国务活动上，而在于对科学真理的探求上。这一时期，他在学术研究上取得了巨大的成果。并出版了多部著作。

1621 年，培根被国会指控贪污受贿，被高级法庭判处罚金四万镑，监禁于伦敦塔内，终生逐出宫廷，不得任议员和官职。虽然后来罚金和监禁皆被豁免，但培根却因此而身败名裂。从此培根不理政事，开始专心从事理论著述。

1626 年 3 月底，培根坐车经过伦敦北郊。当时他正在潜心研究冷热理论及其实际应用问题。当路过一片雪地时，他突然想做一次实验，他宰了一只鸡，把雪填进鸡肚，以便观察冷冻在防腐上的作用。但由于他身体孱弱，经受不住风寒的侵袭，支气管炎复发，病情恶化，于 1626 年 4 月 9 日清晨病逝。

培根对于人类文化的真正贡献在于他对于科学方法的研究和提倡新方法的大声疾呼。马克思称他为"英国唯物主义和整个现代实验科学的真正始祖"。1605 年，培根用英语完成了两卷集《论学术的进展》。这是以知识为研究对象的一部著作，是培根声称要以知识为其领域，全面改革知识的宏大理想和计划的一部分。培根在书中猛烈抨击了中世纪的蒙昧主义，论证了知识的巨大作用，提示了知识不能令人满意的现状及补救的办法。在这本书中，培根提出一个有系统的科学百科全书的提纲，对后来18世纪的狄德罗为首的法国百科全书派编写百科全书，起了重大作用。他的代表作《伟大的复兴》原本是培根打算撰写的一部六卷本百科全书式的著作，这是他要复兴科学，对人类知识加以重新改造的巨著，但他未能完成预期的计划，只发行了前两部分，1620年出版的《新工具》是该书的第二部分。《新工具》是培根最重要的哲学著作，它提出了培根在近代所开创的经验认识原则和经验认识方法。这本书与亚里士多德的《工具篇》是相对立的。

培根是近代哲学史上首先提出经验论原则的哲学家。他重视感觉经验和归纳逻辑在认识过程中的作用，开创了以经验为手段，研究感性自然的经验哲学的新时代，对近代科学的建立起了积极的推动作用，对人类哲学史、科学史都做出了重大的历史贡献。为此，罗素尊称培根为"给科学研究程序进行逻辑组织化的先驱"。

培根的哲学思想与其社会思想是密不可分的。他是资产阶级上升时期的代表，主张发展生产，渴望探索自然，要求发展科学。他认为是经验哲学阻碍了当代科学的发展，因此他极力批判经验哲学和神学权威。他还进一步揭露了人类认识产生谬误的根源，提出了著名的"四假相说"。他说这是在人心普遍发生的一种病理状态，而非在某情况下产生的迷惑与疑难。第一种是"种族的假相"，这是由于人的天性而引起的认识错误；第二种是"洞穴的假相"，是个人由于性格、爱好、教育、环境而产生的认识中片面性的错误；第三种是"市场的假相"，即由于人们交往时语言概念的不确定产生的思维混乱。第四种是"剧场的假相"，这是指由于盲目迷信权威和传统而造成的错误认识。培根指出，经验哲学家就是利用四种假相来抹杀真理，制造谬误，从而给予了经验哲学沉重的打击。但是培根的"假相说"渗透了培根哲学的经验主义倾向，未能对理智的本性与唯心

主义的虚妄加以严格区别。

　　培根认为当时的学术传统是贫乏的，原因在于学术与经验失去接触。他主张科学理论与科学技术相辅相成。他主张打破"偶像"，铲除各种偏见和幻想，提出"真理是时间的女儿而不是权威的女儿"，对经验哲学进行了有力的攻击。

　　培根的科学方法观以实验定性和归纳为主。他继承和发展了古代关于物质是万物本源的思想，认为世界是由物质构成的，物质具有运动的特性，运动是物质的属性。培根从唯物论立场出发，指出科学的任务在于认识自然界及其规律。但受时代的局限，他的世界观还具有朴素唯物论和形而上学的特点。

　　读史使人明智，读诗使人聪慧，数学使人精密，哲理使人深刻，伦理学使人有修养，逻辑修辞使人善辩。

——弗朗西斯·培根

现代哲学之父——笛卡儿

法国哲学家笛卡儿是将哲学思想从传统的经院哲学束缚解放出来的第一人。

笛卡儿1596年3月31日生于法国土伦省莱耳市的一个贵族之家，他的父亲是布列塔尼地方议会的议员，同时也是地方法院的法官，笛卡儿在富足的生活中无忧无虑地度过了童年。他幼年体弱多病，一岁时母亲去世，给笛卡儿留下了一笔遗产，为日后他从事自己喜爱的工作提供了可靠的经济保障。母亲病故后就一直由一位保姆照看。他对周围的事物充满了好奇，父亲见他颇有哲学家的气质，亲昵地称他为"小哲学家"。8岁时他进入一所耶稣会学校，在校学习8年，接受了传统的文化教育，读了古典文学、历史、神学、哲学、法学、医学、数学及其他自然科学。但他对所学的东西颇感失望，因为在他看来教科书中那些微妙的论证，其实不过是模棱两可甚至前后矛盾的理论，只能使他心生怀疑而无从得到确凿的知识，唯一给他安慰的是数学。在结束学业时他暗下决心：不再死钻书本学问，而要向"世界这本大书"讨教，于是他决定避开战争，远离社交活动频繁的都市，寻找一处适于研究的环境。1628年，他从巴黎移居荷兰，开始了长达20年的潜心研究和写作生涯，先后发表了许多在数学和哲学上有重大影响的论著。在荷兰长达20年的时间里，他集中精力做了大量的研究工作，在1634年写了《论世界》，书中总结了他在哲学、数学和许多自然科

学问题上的看法。1641年出版了《形而上学的沉思》，1644年又出版了《哲学原理》等。他的著作在生前就遭到教会指责，死后又被梵蒂冈教皇列为禁书，但这并没有阻止他的思想的传播。1649年冬，笛卡儿应瑞典女王克里斯蒂安的邀请，来到了斯德哥尔摩，任宫廷哲学家，为瑞典女王授课。由于他身体羸弱，不能适应那里的气候，1650年初便患肺炎抱病不起，同年二月病逝，终年54岁。1799年法国大革命后，笛卡儿的骨灰被送到了法国历史博物馆。

笛卡儿的自然哲学观同亚里士多德的学说是完全对立的。他认为，所有物质的东西，都是为同一机械规律所支配的机器，甚至人体也是如此。同时他又认为，除了机械的世界外，还有一个精神世界存在，这种二元论的观点后来成了欧洲人的根本思想方法。作为彻底的二元论者，笛卡儿明确地将心灵与肉体区分开来，创立了新的形而上学。他十分重视哲学对科学的指导作用。他认为人们可以找到一种实用的哲学，依靠这一哲学，人们能够认识自然界的一切，成为自然界的主人。在哲学方法上，他强调的是演绎法。

笛卡儿的哲学思想首先反映在他的哲学著作《方法论》中。在该书中，他提出了对待逻辑思维的四个步骤：不接受任何事物的真理性，除非是不言自明的事实；将难解的问题尽可能分为较小和可控的部分；解决问题要先易后难，从最简单入手，逐步向最复杂的靠拢；尽可能广泛列举实例，对解决办法要反复论证。

笛卡儿对西方哲学的最重要贡献是怀疑一切的思想和知识的二元理论。笛卡儿声称，除非有坚实的理由加以证明，否则任何东西都不能被认作真理。一切知识都应该像几何学那样具有严格的证明，并按照逻辑被正确地推论出来。笛卡儿的怀疑论旨在破除和拒绝中世纪经验主义的独断论，对被中世纪教会和神学家确定的知识根据和基础提出质疑，怀疑任何超出直接感觉经验之外的知识的真实性和可靠性，并试图用怀疑的方法去论证宇宙中的绝对存在。

笛卡儿的二元论在强调物质实体的存在的同时又强调精神实体的独立性。他把物质实体的基本属性定为"广延"，把精神实体的基本属性定为"思维"。他认为精神实体为人类所特有。在认识论上，笛卡儿认为认识源于理性，而理性包括人的思维能力和方法。在他看来人的思维基本上是健全的，是获得真理的唯一手段。基于这一认识，他大力提倡理性主义，他企图用思维来证实存在。他的名言"我思，故我在"说明了他的这一思想。他主张一切都要用理性去判断，理性不能解决的宁可存疑也不能凭信仰代替了事。他的这一理性主义在当时的历史条件下确实具有很大的进步性，因为它动摇了中世纪繁琐哲学的思辨方法和对教会权威的信仰。要求对事物进行科学分析是对事物可知性的肯定。笛卡儿曾说过："正当我企图相信这一切都是虚假时，我发现，有些东西（对于我的怀疑）是必不可少的，这就是'那个正在思维的我'！由于'我思，故我在'这个事实超越了一切怀疑论者的怀疑，我将把它作为我所追求的哲学第一条原理。"

通过笛卡儿对自己哲学历程的细腻描述，我们以明白地知道这句名言的含义不是：由于我思考，所以我存在。而是通过思考而意识到了（我的）存在，由"思"而知"在"。

笛卡儿提出"怀疑一切"思想的初衷是为了对人们所深信不疑的思想做一个明确清晰的界定。他说过，为了得到一个最清楚和最可靠的思想，作为认识的出发点，首先要清楚思想中所有因袭的见解，而最佳的清除办法就是怀疑一切。显然，他的怀疑论是他用来证明确定性的一种方法，是为了找到不容置疑真理的一种手段。然而，他这个思想一经提出便产生了一个意想不到且影响深远的结果。它迫使独断论哲学家为了回答怀疑论者的攻击而寻求更加坚实的基础，迫使人们不断地检验以往的知识，敦促思

想家提出新的理论以对付怀疑论者所提出的问题，同时还制止了轻率思想的提出。后来的历史表明，他的"怀疑一切"的思想鼓励了知识分子中间认为绝对真理是不可能的想法的增长，成为各个时期"自由派"的重要思想武器。笛卡儿在哲学上是二元论者，并把上帝看做造物主。但笛卡儿在自然科学范围内却是一个机械论者，这在当时是有进步意义的。

笛卡儿的方法论对于后来物理学的发展有重要的影响。他在古代演绎方法的基础上创立了一种以数学为基础的演绎法：以唯理论为根据，从自明的直观公理出发，运用数学的逻辑演绎，推出结论。这种方法和培根所提倡的实验归纳法结合起来，经过牛顿等人的综合运用，成为物理学特别是理论物理学的重要方法。他的普遍方法的一个最成功的例子是笛卡儿运用代数的方法解决了古希腊几何学中的几道难题，确立了坐标几何学即解析几何学的基础。

笛卡儿是欧洲近代哲学的奠基人之一，黑格尔称他为"现代哲学之父"。他自成体系，融唯物主义与唯心主义于一炉，在哲学史上产生了深远的影响。笛卡儿的学说开创了近代哲学的唯理论思潮，他的思想在当代的影响尤其广泛，正如他们都是希腊人一样，可以说西方所有的哲学家都是笛卡儿主义者。此外，笛卡儿的影响绝不仅仅局限于哲学领域，而是扩展至所有文化领域。笛卡儿对理性的推崇确立了理性在文学艺术表现原则中的主导地位，为现代文艺的到来奠定了基础。

笛卡儿堪称17世纪及其后的欧洲哲学界和科学界最有影响的巨匠之一，被誉为"近代科学的始祖"。

第一台计算机的发明者——帕斯卡尔

在欧洲历史上，17世纪被认为是"路易十四的世纪"（伏尔泰语），也可以说是法兰西作为一个大国兴起的世纪。而在科学史上，怀特海则把17世纪称之为"天才的世纪"。在这个世纪里，法国贡献出了三位科学天才，即笛卡儿、费尔马和帕斯卡尔。众所周知，费尔马的兴趣主要在纯粹数学方面，而笛卡儿和帕斯卡尔因为多才多艺，并一度生活在巴黎，他们在世时就已声名显赫了。帕斯卡尔（1623—1662），法国17世纪最具天才的数学家、物理学家、哲学家。他在理论科学和实验科学两方面都做出巨大贡献。几何学上的帕斯卡尔六边形定理、帕斯卡尔三角形，物理学上的帕斯卡尔定理等均是他的贡献。他还发明了世界上第一台计算机，制作了水银气压计。他同时还是概率论的创立人之一。

计算机的原来意义是"计算器"，也就是说，人类发明计算机最初的目的是帮助处理复杂的数字运算。帕斯卡尔的父亲担任税务局长，当时的币制不是十进制，在计算上非常麻烦。帕斯卡尔为了协助父亲，利用齿轮原理，发明了第一台可以执行加减运算的计算器。后来，德国数学家莱布尼兹加以改良，发明了可以做乘除运算的计算器。之后虽然在计算器的功能上多有改良与精进，但是真正的电动计算器，却到公元1944年才制造出来。帕斯卡尔也因此被誉为"计算机之父"。帕斯卡尔笃信上帝，《思想录》原来的书名叫《辩护》，因为此书是在他去世后才出版的，编辑替他改了名字（这一修改现在被证明是正确的，否则它的影响力肯定要大大降低）。在这部堪称法国文学的精品里，帕斯卡尔是这样劝告那些怀疑论者打消疑虑的，"如果上帝不存在，则你们相信他也不会失去什么；而如果上帝存在，则你们相信他就可以获得永生。"

在《思想录》里，有一段论及父亲之死的文字，"如果没有耶稣基督，死亡是可怕的，是令人憎恶的，是自然界丑陋的一面。然而，在有了耶稣基督之后，一切全然改变了，死亡是那样的仁慈、神圣，是信仰者的欢愉。"因此在他的笔下写出："人没有上帝是可悲的"。大文豪伏尔泰称他的《思想录》为"法国第一部散文杰作"。

1670年《帕斯卡尔思想录》一书在法国首版。该书以其论战的锋芒思想的深邃以及文笔的流畅而成为世界文化史上的经典著作，对后世产生深远的影响，被认为是法国古典教文的奠基之作。它与《蒙田随笔集》、《培根人生论》一起，被人们誉为欧洲近代哲理散文三大经典。

　　如果整个法国文学只能让我选择一部书留下，我还是会毫不犹豫地选择留下《思想录》，它是一个崇高的纯粹法国天才的标本。

　　　　　　　　　　　　　　　　　——［法］维克多·吉罗

　　正如他是一个伟大的文学家一样，他的书也是他自己的精神自传。

　　　　　　　　　　　　　　　　　　　　　——［美］梭罗

　　帕斯卡尔是一位注定要被人们一代一代研究的作家，改变的并不是他，而是我们。并不是我们的知识增加了，而是我们的世界对他的态度变化了。

　　　　　　　　　　　　　　　　　——［美］T.S·艾略特

　　在这些不朽的争论者之中，只有帕斯卡尔留存到现在，因为只有他是一个天才，只有他还屹立在世纪的废墟之上。

———［法］伏尔泰

他之于法兰西，犹若柏拉图之于希腊，但丁之于意大利，塞万提斯之于西班牙，莎士比亚之于英格兰。

———［法］谢瓦里埃

这些名家对帕斯卡尔的评价足以说明他的不朽与伟大。

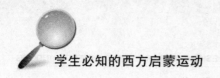

西方思想巨人——斯宾诺莎

荷兰的犹太哲学家斯宾诺莎是西方近代哲学史重要的理性主义者，是17世纪最著名的唯物论者，与笛卡儿和莱布尼茨齐名。他出生于阿姆斯特丹的一个从西班牙逃往荷兰的犹太商人家庭。他的父母亲以经营进出口贸易为生，巴鲁克·斯宾诺莎的父亲是经营有道的商人，但他喜欢在犹太教堂里度过他的时光，学习本民族的宗教和历史。长者们一致认为他是新的士师：弥赛亚！摩西的上帝和宇宙同一的观念给他留下深刻印象，克雷斯卡斯也相信，物质的宇宙就是上帝的形体。阿维罗伊认为永恒不具有人格。斯宾诺莎读书越多，想的越多，他单纯的确信就变成了越来越多的疑惑。

很快，斯宾诺莎的好奇心促使他去阅读基督教的思想家们关于上帝和人类命运的著作。他开始跟一位名叫凡·丹·恩德的荷兰学者学习拉丁文。他的新老师有个美丽的女儿，她从拉丁文那里夺走了斯宾诺莎的感情，在这么漂亮女子的诱惑下，斯宾诺莎与其相爱。但是这位妙龄女郎爱钱财甚于爱情。当另一位求婚者带着昂贵的礼物到来时，她便对斯宾诺莎失去了兴趣。毫无疑问，斯宾诺莎就在那一刻成了哲学家。

当时，哲学上的"三百年战争"已经开始，笛卡儿、莱布尼茨、休谟、康德先后加入，这场战争既促进又践踏了近代哲学。笛卡儿认为，在上帝给了最初的推动后，天文地理以及所有的非精神进程，都可以用一种最初以分散形式（犹如拉普拉斯和康德的"星云假说"）存在的均质实体来解释；并且，各种生物的运动，都是一种机械运动。整个世界，以及每个躯体都是一部机器，但是，在世界之外还有上帝，躯体里还有灵魂。

笛卡儿停在了这里，斯宾诺莎却满怀渴望的向前走去。因为生活颇为宽裕，斯宾诺莎也因此得以进入当地的犹太神学院，学习希伯来文、犹太法典以及中世纪的犹太哲学等。他也接受了拉丁语的训练，而正是凭借着拉丁语，斯宾诺莎得以接触笛卡儿等人的著作。他也由此渐渐脱离所谓正统的学说范围，1656年因反对犹太教教义而被开除教籍。他最后搬出犹太人居住区，以磨镜片为生，同时进行哲学思考。1670年移居海牙，斯宾诺莎此后一直过着隐居的生活。1673年有人提供给他海德堡大学哲学系的教职，条件是不可提及宗教，不过斯宾诺莎婉拒。他在45岁时就与世长辞了。

在科学思想和笛卡儿等人哲学思想的影响下，斯宾诺莎开始研究哲学。主要著作包括《笛卡儿的哲学原理》《神学政治论》和《伦理学》。他的哲学思想主要反映在《伦理学》一书中，他是在克服笛卡儿二元论的过程中建立了自己的唯物主义哲学。他反对笛卡儿存在着两个实体的观点，认为宇宙只有一个实体，即整个自然界，除此之外不可能有其他实体存在。他认为宇宙间只有一种实体，即作为整体的宇宙本身，而上帝和宇宙就是一回事。他的这个结论是基于一组定义和公理，通过逻辑推理得来的。斯宾诺莎的上帝不仅仅包括了物质世界，还包括了精神世界。他认为人的智慧是上帝智慧的组成部分。斯宾诺莎还认为上帝是每件事的"内在因"，上帝通过自然法则来主宰世界，所以物质世界中发生的每一件事都有其必然性；世界上只有上帝是拥有完全自由的，而人虽可以试图去除外在的束缚，却永远无法获得自由意志。如果我们能够将事情看作是必然的，那么我们就愈容易与上帝合为一体。因此，斯宾诺莎提出我们应该

"在永恒下"看事情。他的世界观理论体系有三个主要环节，即实体、属性、样式。他所说的实体就是统一的、无所不包的整个自然界或物质世界。他认为物质世界是唯一的、无限的、自身以自身为原因。以自然界的本来面目了解自然，承认实体是自身的原因，从而把相互作用明显地表现了出来。斯宾诺莎提出以实体、属性与样式为中心的自然论唯物主义世界观，具有一定的唯物主义观点，并披上泛神论的外衣，同时又具有丰富的辩证法因素。强调自然界的一切都是必然的，主张"必然性的认识"就是自由。认为感性知识不可靠，只有通过理性的直觉与推理才能得到真正可靠的知识，是唯物主义唯理论的主要代表之一。他认为实体具有无限的属性，人类由于认识能力的局限只能了解把握无限属性中的两种：广延和思维，他们各以不同的方式表现同一实体，而绝不是两个独立的实体。对于样式，他认为自然界中无数个体事物都是由实体派生的，也可以视为实体的变形。实体与样式之间的关系是整体与部分、本质与现象、无限与有限的关系。

在必然性问题上，他承认自然规律的客观性，批判了神学目的，提出"自由是对自然性的认识"的著名思想，朴素地说明了自由与必然的关系。在认识论上，他强调认识自然，获得与自然相一致的知识的重要性。他显然看到了感性认识的局限，把感性认识看成是一种不可靠的认识，认为只有理性认识才可靠，因为理性认识是对事物的本质把握。为此，他主张改进理性和求知的方法。

在伦理学上，斯宾诺莎认为，一个人只要受制于外在的影响，他就是处于奴役状态，而只要和上帝达成一致，人们就不再受制于这种影响，而能获得相对的自由，因此摆脱恐惧。斯宾诺莎还主张无知是一切罪恶的根源。对于死亡的问题，斯宾诺莎的名言是："自由人最少想到死，他的智慧不是关于死的默念，而是对于生的沉思。"他的一生也彻底地实践了这句格言，对死亡一直十分平静地面对。

他还界定了上帝的概念，认为上帝是"我理解为绝对无限地存在，亦即具有无限多属性的实体，其中每一属性各表示永恒无限的本质"。他还界定了实体的定义，"实体，我理解为在自身内并通过自身被认识的东西，换言之，形成实体的概念可以无需借助他物的概念"。实体具有自因性、无限性、自由性、永恒性。通过对实体概念及其特征的分析，他得出上帝是唯一的实体。他还对自然做出了区分，认为主动的自然作为属性，被动的自然作为样式，即作为原因的自然和作为结果的自然，自然既是自己的原因又是自己的结果，可见自然是实体。同时，上帝又是自然的内因、是全部的自然（通俗来说，就是上帝，实体，和自然是一个东西）。

斯宾诺莎哲学最突出的特点是他不仅否定上帝的超然存在，而且否定了上帝的人格、天意天命。他声称，如果说有神的存在，自然实体就是这种神。这实际上已经是自然神论的观点了。因而，他被认为是最早的无神论者，他的思想成为18世纪欧洲启蒙运动的先声。

"人类之光"——科学巨人牛顿

在英国伦敦威斯敏斯特教堂里，树立着一座墓碑，碑文是用拉丁文写成的。碑文的最末一句是这样写的："让人类欢呼曾经存在过这样伟大的一位人类之光。"这是英国政府对伟大的科学家牛顿的赞颂。

1642年12月25日，艾撒克·牛顿出生于英国林肯郡的一个农民家庭里。他出生前两个月，父亲去世；他两岁时，母亲改嫁。此后，他由外祖母抚养。童年时代的牛顿，性情孤僻，爱好思索，特别喜欢制作各种机械玩具。有一次，他制作一架小水车，拿到溪边试验，居然灵巧地转动起来。有个同学故意把他砸坏，牛顿平时很温和，这一次他再也忍耐不住，冲上去把那个同学教训了一顿。12岁那年，牛顿到市镇上读中学。没多久，母亲因后夫去世又回来了，还带来三个孩子。母亲叫牛顿辍学回家帮助做农活，但牛顿一有机会便埋首书卷，以至经常忘了干活。他一边放牧耕种，一边抓紧时间学习和思考问题。牛顿为了测量风力在暴风雨中跑来跑去，结果弄得浑身湿透；母亲叫他同佣人一道上市场，熟悉做交易的生意经时，他便恳求佣人一个人上街，自己则躲在树丛后看书。有一次，牛顿的舅父起了疑心，就跟踪牛顿上市镇去，发现他的外甥伸着腿，躺在草地上，正在聚精会神地钻研一个数学问题。牛顿的好学精神感动了舅父，于是舅父劝服了母亲让牛顿复学，并鼓励牛顿上大学读书。牛顿又重新回到了学校，如饥似渴地汲取着书本上的营养。有一次，他去郊外游玩，之后靠在一棵苹果树下休息，忽然，一个苹果从树上掉下来。他觉得很奇怪，为什么苹果会从上往下掉而不是从下往上升？他带着这个疑问回到了家里研究，后来他发现原来地球是有引力的能把物体吸住。随后，就写出了《牛顿物理引力学》。

1661年，牛顿考进剑桥大学。在这里，他遇上当时"欧洲最优秀的学者"巴罗教授。巴罗以研究数学、天文学和希腊文著称于世。他发现牛顿是株好苗子，便毫无保留地把自己的专长教给牛顿。1665年，牛顿大学毕业，获得学士学位，留在剑桥研究室，1668年获得硕士学位。次年，巴罗教授为了让牛顿这株好苗尽早地破土成长，便以年迈为由，辞去数学教授的职务，竭力推荐年仅27岁的牛顿继任自己的职务。

牛顿的钻研精神是惊人的，真正进入了如醉如痴的境界。有一次，他一边读书，一边煮鸡蛋，揭锅时发现煮的竟是怀表。还有一次，他请一个朋友来吃饭，自己却在内室做实验，朋友见他不出来，就把自己的那份鸡吃掉。后来牛顿出来见到餐桌上的鸡骨，竟自言自语地说："我以为自己没吃饭呢，原来已经吃啦！"

由于牛顿在剑桥受到数学和自然科学的熏陶和培养，对探索自然现象产生了浓厚的兴趣，家乡安静的环境又使得他的思想展翅飞翔。1665—1666年这段短暂的时光成为牛顿科学生涯中的黄金岁月，他在自然科学领域内思潮奔腾，才华迸发，思考前人从未思考过的问题，踏进了前人没有涉及的领域，创建了前所未有的惊人业绩。

1665年初，牛顿创立级数近似法，以及把任意幂的二项式化为一个级数的规则；同年11月，创立正流数法（微分）；次年1月，用三棱镜研究颜色理论；5月，开始研究反流数法（积分）。这一年内，牛顿开始想到研究重力问题，并想把重力理论推广到月球的运动轨道上去。他还从开普勒定律中推导出：使行星保持在它们的轨道上的力必定与它们到旋转中心的

距离平方成反比。牛顿见苹果落地而悟出地球引力说的也是此时发生的轶事。

在天文学方面，1672年牛顿创制了天文反射望远镜，解释了潮汐的现象，指出潮汐的大小不但同朔望月有关，而且与太阳的引力也有关系；另外，牛顿从理论上推测出地球不是球体，而是两极稍扁、赤道略鼓，并由此说明了岁差现象等。

在物理学上，牛顿基于伽利略、开普勒等人的工作，建立了三条运动基本定律和万有引力定律，并建立了经典力学的理论体系。在数学上，牛顿创立了"牛顿二项式定理"，并和莱布尼兹几乎同时创立了微积分学。

在牛顿的著作《自然科学原理》中，他用数学解释了哥白尼的日心说和天体运动的现象。

在光学方面，牛顿发现白色日光由不同颜色的光构成，并制成"牛顿色盘"；关于光的本性，牛顿创立了光的"微粒说"。

1666年，牛顿在家休假期间，得到了一个三棱镜，他用来进行了著名的色散试验。一束太阳光通过三棱镜后，分解成几种颜色的光谱带，牛顿再用一块带狭缝的挡板把其他颜色的光挡住，只让一种颜色的光再通过第二个三棱镜，结果出来的只是同样颜色的光。这样，他就发现了白光是由各种不同颜色的光组成的，这是一大贡献。

牛顿为了验证这个发现，设法把几种不同的单色光合成白光，并且计算出不同颜色光的折射率，精确地说明了色散现象。揭开了物质的颜色之谜，原来物质的色彩是不同颜色的光在物体上有不同的反射率和折射率造成的。1672年，牛顿把自己的研究成果发表在《皇家学会哲学杂志》上，这是他第一次公开发表的论文。许多人研究光学是为了改进折射望远镜。牛顿由于发现了白光的组成，认为折射望远镜透镜的色散现象是无法消除的（后来有人用具有不同折射率的玻璃组成的透镜消除了色散现象），就设计和制造了反射望远镜。

牛顿对人类的贡献是巨大的，正如恩格斯所说："牛顿由于发明了万有引力定律而创立了科学的天文学；由于进行了光的分解，而创立了科学的光学；由于创立了二项式定理和无限理论而创立了科学的数学；由于认识了力的本质，而创立了科学的力学。"为纪念牛顿的贡献，国际天文学联合会决定把662号小行星命名为牛顿小行星。

牛顿的研究领域非常广泛，他除了在数学、光学、力学等方面做出卓越贡献外，还花费大量精力进行化学实验。他常常几个星期一直留在实验室里，不分昼夜的工作。他在化学上花费的时间并不少，却几乎没有取得什么显著的成就。为什么同样一个伟大的牛顿，在不同的领域取得的成就竟那么不一样呢？

其中一个原因就是各个学科处在不同的发展阶段。在力学和天文学方面，有伽利略、开普勒、胡克、惠更斯等人的努力，牛顿有可能用已经准备好的材料，建立起一座宏伟壮丽的力学大厦。正像他自己所说的那样"如果说我看得远，那是因为我站在巨人的肩上"。而在化学方面，因为正确的道路还没有开辟出来，牛顿没法走到可以砍伐材料的地方。

牛顿作为一个科学家和近代科学的力学奠基人，他在科学的很多领域里都取得了巨大的成就，其著作标志着人类科学时代的开始。但是，他非常谦虚，保持着永不满足的进取精神。在临终前牛顿对自己的生活道路是这样总结的："我不知道在别人看来，我是什么样的人；但在我自己看来，我不过就像是一个在海滨玩耍的小孩，为不时发现比寻常更为光滑的一块卵石或比寻常更为美丽的一片贝壳而沾沾自喜，而对于展现在我面前的浩瀚的真理的海洋，却全然没有发现。"

霍布斯创立国家和政治学说

托马斯·霍布斯出生于英国南部一个牧师家庭，就学于牛津大学，对古希腊哲学有着浓厚的兴趣，后来长期做著名贵族卡文迪什家族的家庭教师，还一度当过培根的秘书、王太子查理二世的老师。他多次周游欧洲大陆，同笛卡儿有过学术交往，曾醉心于欧几里得的《几何原本》。晚年关注运动哲学的研究。他是欧洲近代史上第一个比较彻底的无神论者，哲学上奉行机械唯物论。他把自己的哲学思想概括为两条基本原则：凡存在的都是体，凡相遇的都是动。物质世界的一切皆为自然体，社会及国家皆为人造体。一切存在的东西都是有形体的物质，非形体的东西，如神，实在不可设想，无论如何不能成为哲学的对象。从机械唯物论出发，他认为只有从人的特殊的肉体运动才能阐述人的认识和欲望，并由此观念推论到人的社会组织。

霍布斯的著作很多，主要有《论公民》《利维坦》《论物体》《论人》《英国内战史》及《生物学研究》等，在世界的本源、心理学、认识论等方面都有独到的见解，在哲学史上占有重要地位。然而给他带来长久声誉的，还是其关于国家和政治的学说，《利维坦》即其代表作。

《利维坦》包括"论人"、"论国家"、"论基督教国家"、"论黑暗王国"四个部分。第一部分开宗明义宣布了作者的彻底唯物主义自然观和一般的哲学观点，声称宇宙是由物质的微粒构成，物体是独立的客观存在，物质永恒存在，既非人所创造，也非人所能消灭，一切物质都处于运动状态中。第二部分是全书的主干，主要描述自然状态中人们不幸的生活中都享有"生而平等"的自然权利，又都有渴望和平和安定生活的共同要求，于是出于人的理性，人们相互间同意订立契约，放弃各人的自然权利，把它托付给某一个人或一个由多人组成的集体，这个人或集体能把大家的意志化为一个意志，能把大家的人格统一为一个人格；大家则服从他的意志，服从他的判断。第三部分《论基督教国家》旨在否认自成一统的教会，抨击教皇掌有超越世俗政权的大权。第四部分《论黑暗的王国》，其主要矛头是指向罗马教会，大量揭发了罗马教会的腐败黑暗、剥削贪婪的种种丑行劣迹，从而神的圣洁尊崇，教会的威严神秘，已经在霍布斯的笔下退去光环。

霍布斯在《利维坦》中用历史的眼光提到国家的状态是自然状态，自然状态下，人都是利己的，都拥有自然赋予他的权力。为了自己的生存，"人对人像狼一样"，人人都行使自己的权力无异于人与人为敌。但是人毕竟是有理性的，自然法则告诉人们，要保证自己的安全，就不能危及别人的安全，因为恶产生了道德约束。道德约束仍不足以保障自身安全，于是在理性的指导下，人与别人结合起来，签订契约，将权力交给第三者，使之具有一种保证法律、秩序和安宁的不可抗拒的权力，这样就产生了国家。国家的权力非经验中的任何东西可以比拟，只有《圣经》记载的强大无比的怪物利维坦才可以当职，霍布斯因此称其理想的国家为"利维坦"。他的最关键论证是："在别人也愿意这样做的条件下，当一个人为了和平及自己的目的认为必要时，会自愿放弃这种对事物的权力；而在对他人的自由权方面满足于相当于自己让他人对自己所具有的自由权利。"在《利维坦》中，由契约形成

的权力是最高的国家权力，即主权。人们通过契约把这一权利让与一个人或是一个团体，前者为君主制，后者为共和制。霍布斯根据他自己特殊的生活经历，认为一个君主掌权为最好。君主因人们的结盟而获得权力，但并非君主同个人订约而获得权力。人们已经出让的权力一经确定，便不能转让和收回，否则仍然没有获得安全的保障。他认为君主拥有的国家权力是不能分割的主权，像革命时期的英国那样，议会掌握立法权，君主掌握行政权，必然要引起政治的分裂和国家的混乱；只有君主独立地行使主权，才可以对内维护社会和平，对外抵御侵略。

霍布斯在英国以好论战著称，他给英国的政治家和学者们以很多的政治灵感。他在法国等大陆国家游学时间很长，对法国思想家影响很大。霍布斯的国家学说是英国资产阶级革命在政治学说上引起的必然回响。他的社会契约说毫无历史根据，是典型的历史唯心主义。他赞同君主制甚至是君主专制，这是目睹了议会争吵、战争、流血之后向铁腕统治者克伦威尔献上的一份厚礼，既符合英国君主制的宪政传统，又能满足新兴资产阶级需要强权来建立新的秩序和法律、镇压人民运动的要求。要么君主专制，要么战争与混乱，霍布斯的理性在当时还不足以设计出一种更好的国家政治形式来。

霍布斯的国家学说具有重大的现实意义和深远的历史影响。首先，他用"社会契约论说"动摇了"君权神授论"，使封建时代的政治统治失去了理论基础。虽然其契约说的立论并不正确，但却是运用理性来寻找国家形成和发展的自然规律，从而开创了资产阶级最早的国家学说。其次，他虽然主张君主集权统治，但是却把君主的权力奠定在人民对自己权力的出让之上，后来西方政治学家正式由此出发，引申出"主权在民"的人民国家的观念。霍布斯的政治思想因其较深的人文主义哲学修养而体系完整，他在西方经典政治学上的重要地位在于他首先提出了自然权利、契约、主权等基本概念。他关于人类可以根据理性来创造完美国家的思路，成为欧洲近代政治学说的共同特色。

天赋人权——自由主义之父洛克

约翰·洛克是英国哲学家、经验主义的开创人，同时也是第一个全面阐述宪政民主思想的人，在哲学以及政治领域都有重要影响。

洛克于1632年出生于英国，从小受到严格的教育。其清教徒的父亲在内战期间为议会军而战。1646年洛克在威斯敏斯特学校接受了传统的古典文学基础训练。1652年克伦威尔主政期间，洛克到牛津大学学习，并在那儿居住了15年。1656年洛克获得学士学位，1658年获硕士学位。后来他还担任过牛津大学的希腊语和哲学教师。在牛津期间洛克对当时盛行于校园内的经院哲学不感兴趣，反而比较喜欢笛卡儿的哲学以及自然科学。他在36岁时曾入选英国皇家学会。也正是由于洛克的哲学观点不受欢迎，他最后决定从事医学研究。这一时期洛克还结识了著名的化学家罗伯特·波义耳。

1666年洛克遇到了莎夫茨伯里伯爵，并成为伯爵的好友兼助手。在此期间洛克开始了其一生最重要的哲学著作《人类理解论》的创作。1675年洛克离开英国到法国住了三年，结识了很多重要的思想家，后来又回到伯爵身边担任秘书。1682年莎夫茨伯里伯爵因卷入一次失败的叛乱而逃往荷兰，洛克也随行。伯爵在翌年去世，而洛克则在荷兰一直待到1688年的光荣革命。在荷兰期间洛克隐姓埋名，并且完成了包括《人类理解论》在内的多部重要著作。

　　1688年洛克返回伦敦，并在次年写了两篇十分重要的政治论文。他的《人类理解论》也在1690年发表。晚年的洛克大部分的精力都投注在《人类理解论》这部书上，不过此时也认识了包括艾撒克·牛顿在内的几位科学家。洛克终身未娶，在1704年溘然长逝。

　　洛克是不列颠经验主义的开创者，虽然他本人并没有完全贯彻这种哲学思想。洛克认为人类所有的思想和观念都来自或反映了人类的感官经验。他抛弃了笛卡儿等人的天赋观念说，而认为人的心灵开始时就像一张白纸，而向它提供精神内容的是经验（即所谓的观念）。观念分为两种：感觉的观念和反思的观念。感觉来源于感官感受外部世界，而反思则来自心灵观察本身。与理性主义者不同的是，洛克强调这两种观念是知识的唯一来源。洛克还将观念划分为简单观念和复杂观念，不过并没有提供合适的区分标准。我们唯一能感知的是简单观念，而我们自己从许多简单观念中能够形成一个复杂观念。

　　洛克还主张感官的性质可分为"主性质"和"次性质"。洛克相信世界是由物质构成的，物质的主性质包括了形状、运动或静止、数目等和物质不可分离的那些性质，而次性质则包括了颜色、声音、气味等其他各种性质。洛克认为主性质就在物体里，次性质只在知觉者中。在这个问题上洛克是追随笛卡儿的二元论学说，同意有些性质是可以用人的理智来了解的。

　　洛克的哲学思想虽然并没有一贯性（20世纪另外一名英国哲学家伯特兰·罗素曾经批评洛克以"零碎的方式处理哲学问题"），且有很多漏洞，不过却对后来的哲学家产生了很大的影响。洛克开创的经验主义被后来的乔治·贝克莱以及大卫·休谟等人继续发展，成为欧洲的两大主流哲学思想。

　　1689—1690年写成的两篇《政府论》是洛克最重要的政治论文。第一

篇是对罗伯特·费尔默爵士的《先祖论即论国王之自然权》的反驳。洛克极力并有效地驳斥了费尔默的君权神授的主张。在第二篇中洛克主张统治者的权力应来自被统治者的同意，建立国家的唯一目的，乃是为了保障社会的安全以及人民的自然权利。当政府的所作所为与这一目的相违背的时候，人民就有权利采取行动甚至以暴力的方式将权力收回。洛克也支持社会契约论。不过他也强调社会契约论是可以废除的。他也认为每一个人都是平等的，在一个人没有损害另一人利益的情况下可以自行其是。他也提倡个人财产的合理性，认为个人有权拥有通过劳动所获得的合法财产。洛克提出的人所拥有的"自然权利"（natural rights）就包括了生存的权利，享有自由的权利以及财产权。洛克还第一个倡导了权力的分配，他把政治权力分为立法权、行政权和外交权三种，认为立法机关应当高于行政机关，防止专政。这方面的理论由后来的法国哲学家孟德斯鸠（Montesquieu）继续发展，并对美国的三权分立制政体产生了一定的影响。

洛克的政治思想对后来的政治发展起到了极大的作用。洛克的自由主义被美国奉为神圣，成为民族理想。他的思想深深影响了托马斯·杰弗逊等美国政治家，并且在美洲引发了一场轰轰烈烈的革命浪潮。洛克的影响在法国则更为明显。伏尔泰是第一个将洛克等人的思想传到法国的人，因此法国后来的启蒙运动乃至法国大革命都与洛克的思想不无关系。

洛克第一次系统地提出"天赋人权"的学说。他把在英国革命中提出的各种基本要求概括为自由权、生命权和财产权，并把它们说成是天赋人权。

重商主义追求货币积累

重商主义是 18 世纪在欧洲受欢迎的政治经济体制。重商主义是资产阶级最初的经济学说，产生和发展于欧洲资本原始积累时期，反映这个时期商业资本的利益和要求，并对资本主义生产方式进行了最初的理论考察。它建立在这样的信念上：即一国的国力基于通过贸易的顺差——出口额大于进口额——所能获得的财富。15 世纪末，西欧社会进入封建社会的瓦解时期，资本主义生产关系开始萌芽和成长；地理大发现扩大了世界市场，给商业、航海业、工业以极大刺激；商业资本发挥着突出的作用，促进各国国内市场的统一和世界市场的形成，推动对外贸易的发展；在商业资本加强的同时，西欧一些国家建立起封建专制的中央集权国家，运用国家力量支持商业资本的发展。随着商业资本的发展和国家支持商业资本的政策的实施，产生了从理论上阐述这些经济政策的要求，逐渐形成了重商主义的理论。封建主义解体之后的 16—17 世纪重商主义是西欧资本原始积累时期的一种经济理论或经济体系，是反映资本原始积累时期商业资产阶级利益的经济理论和政策体系。15—18 世纪在欧洲流行，后为古典经济学取代。认为一国积累的金银越多，就越富强。主张国家干预经济生活，禁止金银输出，增加金银输入。重商主义者认为，要得到这种财富，最好是由政府管制农业、商业和制造业；发展对外贸易垄断；通过高关税率及其他贸易限制来保护国内市场；并利用殖民地为母国的制造业提供原料和市

场。该名称最初是由亚当·斯密在《国民财富的性质和原因的研究》（《国富论》）一书中提出来的。但1776年亚当·斯密在他的著作中抨击了重商主义，他提倡自由贸易和开明的经济政策。但是，直到19世纪中叶英国才废弃以重商主义哲学为基础的经济政策。

重商主义抛弃了西欧封建社会经院哲学的教义和伦理规范，开始用世俗的眼光，依据商业资本家的经验去观察和说明社会经济现象。它以商业资本的运动作为考察对象，从流通领域研究了货币—商品—货币的运动。

17世纪英国的托马斯·曼和斯图尔特、法国的柯尔贝尔以及意大利的塞拉等，都是重商主义最著名的鼓吹者。他们把金银等硬通货看成是新时代财富和权力的标志，是进一步发展的资本。他们认为如果没有或无法获得贵重金属矿藏，就得通过对外贸易来取得。对外贸易要保持顺差，即卖多买少，才能确保流入本国的财富稳步增加。重商主义把这种以增长财富为目标的商业利益同日益强化的君主中央集权联系起来，甚至挖掘中世纪商业城邦威尼斯、佛罗伦萨的传统，鼓吹"一国乃他国之竞争者，商业乃一种战争"，"一国应牺牲他国以增加本国之财富"。广泛采取重商主义理论就意味着战争，强国对弱国或殖民，或征服统治，以确立本国对殖民地的贸易垄断，限制殖民地的制造业。资本主义的文化本质在这种重商主义的鼓吹中得到了生动的表现。

按照重商主义学说，强国必须人口众多，因为人口众多方可提供劳动力、市场和兵源。人们的需求，特别是对进口的奢侈品的需求，必须尽量减少，因为进口物品会耗尽宝贵的外汇，必须通过厉行节约的法令，保证降低需求。俭省、节约甚至吝啬都被认为是美德，因为只有这样才能创造资本。这种经济主张得到了宗教改革后基督教新教的伦理支持。重商主义者还主张由政府控制国家的经济，这与政治上主张专制主义中央集权的国家意识是相辅相成的，扩充军备、严格关税制度等都是重商主义政策的产物。

重商主义也有诸多的局限性：

1. 重商主义的政策结论仅在某些情况下站得住脚，并非在普遍意义上都能站得住脚；

2. 重商主义把国际贸易看作一种零和游戏的观点显然是错误的；

3. 重商主义把货币与真实财富等同起来也是错误的。正是基于这样一个错误的认识，重商主义才轻率地把高水平的货币积累与供给等同于经济繁荣，并把贸易顺差与金银等贵金属的流入作为其唯一的政策目标。

重商主义主张政府应该控制国家的经济，以便损害和削弱对手的实力，增强本国的实力。15世纪初，正当文艺复兴运动进入初期发展阶段之时，重商主义兴起。到了17世纪，随着文艺复兴运动的衰落，重商主义也逐渐开始崩溃。从时间上看，重商主义可以说与文艺复兴运动同步。同一时期产生两种社会思想——人文主义和重商主义，其中有其深刻的根源，即当时社会上追求商品生产更快发展，追求商业资本的迅速增加和货币资本的不断积累，已成为一股不可抗拒的潮流，这是重商主义产生的一个重要原因。然而，重商主义的产生和更深层次的背景，则是在追求商业资本增加、追求货币积累这股强大潮流冲击下，所引起的西欧经济形式和社会阶级关系的变化。新经济的发展，引起了社会各阶层的变化，旧式贵族变成了真正的商人，它正反映了自然经济向商品经济过渡的变化。重商主义就是在这样一种背景下产生的。

与欧洲民族国家的意识同时成长起来的重商主义，是资产阶级第一次独立地毫无掩饰地表现出本阶级的阶级意识，推动了欧洲国家的中央集权和殖民主义的扩张，为资本主义的早期发展创造了良好的气候，对于促进欧洲的近代化发挥过积极影响。

重农主义开创经济学派

  传统的重商主义思想持续了二百多年，在18世纪后期开始受到批判。最初的批判主要来自法国的重农主义者。重商主义时期，中央政府对内打击封建势力，统一国内市场，对外打击商业竞争对手，保护殖民者的利益，满足了资本主义早期发展的需要。但是资产阶级在获取国家保护的同时，也受到了政府对经济活动的很多限制甚至是管制，日益强大起来的资产阶级越来越不能容忍对经济活动的频繁干预，他们需要经济的自由和支持这种经济自由的新的经济学说。

  18世纪初的法国，资产阶级还没有获得像英国君主立宪制那样通过议会表达自己阶级意愿的权利。法王路易十四及其后继者向人们征课重税，引起人们对税制不公的强烈关注。法国是一个农民占主体的国家，重农主义表面上看去是保护农业经济的。重农主义者反对法王的重商主义政策，他们认为土地和农业是一切财富的源泉，只有农业才能创造出超过生产费用的净剩余，而其他生产形式只是将农产品改变为可供消费的形式。他们把非农业的工人看成是非生产阶级，主张农产品应该高价出售，而工业品应该低价出售，因为农业收入就是净产值的增加，即国家经济的真正繁荣。他们要求国家政策不应以向农民敛税为目的，而应起保护和奖励农业生产的作用。重农主义者还承认地主本人或其祖先开拓土地使其适于耕种的人们是有权出租土地的合法的阶级。在税收政策上，重农主义者主张对带来实际财富增值的地主的经济产品征收单一税，此外给法国经济造成沉重负担的所有其他税收一律废除。重农主义实际上既没有替农民说话，也不是旨在维护法国地主阶级的利益。1774年当重农主义思想变成现行政策时，遭到法国地主阶级的强烈反对。

路易十五的宫廷御医魁奈是重农学派的领袖。他长期接近国家的中枢机构，了解国民经济运行的许多数据并逐渐对之发生兴趣，60多岁时发表其第一部有关经济学的著作《经济表》。用图表来说明社会各经济阶级和部门的相互关系，以及在它们之间支付的流通，进而归纳出作者的经济学体系。魁奈在《经济表》中提出了经济平衡的假说，特别重要的是对资本进行了分析。他把资本视作"预付款"，即在生产开始前要预先积累的一笔财富，预付款又分成固定资本和流动资本。他认为储蓄可能有害，因为资金不成为投资，很可能破坏支付流通的平衡，这一点很容易让人联想到20世纪凯恩斯经济学的理论。魁奈经济思想的核心是相信自然法则，他把经济领域中的自由放任说成是遵从自然法则，这与重农主义的另一代表人物谷内的思想完全一致。谷内的名言是："自由放任，各行其是。"重农主义虽然主张农作物的自由贸易，但表现出一种自然经济法则必胜的信念，这实际上是一种反对工商业管制的自由资本主义精神。

18世纪50—70年代，在魁奈的周围逐渐出现了一批门徒和追随者，形成了一个有较完整理论体系和共同信念的派别，而且是一个有明确的纲领和组织的政治和学术团体。他们有定期讨论学术问题的集会，有作为学派喉舌的刊物——《农业、商业、财政杂志》和《公民日志》。

杜尔哥是继魁奈之后的重农学派最重要的代表人物。他深受魁奈的影响，但不是魁奈的门徒，也几乎没有参加所谓"经济学家"们的派系活动。他的《关于财富的形成和分配的考察》是重农主义的重要文献。他发展、修正了魁奈和其追随者的论点，使重农主义作为资产阶级思想体系的

特征有更加鲜明的表现。在他那里重农主义发展到最高峰。

重农主义的主要观点和主张：自然秩序是重农主义体系的哲学基础，是在法国资产阶级大革命前启蒙学派思想影响下形成的。杜邦·德·奈穆尔在为重农主义体系下定义时，明确地称之为"自然秩序的科学"。

重农主义者认为，和物质世界一样，人类社会中存在着不以人们意志为转移的客观规律，这就是自然秩序。自然秩序是永恒的、理想的、至善的。但社会的自然秩序不同于物质世界的规律，它没有绝对的约束力，人们可以以自己的意志来接受或否定它，以建立社会的人为秩序。后者表现为不同时代，不同国度的各种政治、经济制度和法令规章等。

重农主义者认为如果人们认识自然秩序并按其准则来制定人为秩序，这个社会就处于健康状态；反之，如果人为秩序违背了自然秩序，社会就处于疾病状态。他们认为当时的法国社会就由于人为的社会秩序违反了自然的社会秩序而处于疾病状态，而他们的任务就是为医治这种疾病提出处方。

重农主义的自然秩序学说第一次确认在人类社会存在着客观规律，从而为政治经济学提出了认识客观规律的任务。这一认识成为古典政治经济学的传统，创立了把社会经济看作是一个可以测定的制度的概念。这概念意味着社会经济受着一定客观规律的制约；经济范畴间存在着相互的内在联系；事物的发展具有理论上的可预测性。资产阶级古典政治经济学的全部理论和政策就是建立在这一概念上的。但由于他们的阶级局限性，重农主义者既把人类社会客观规律看做永恒的规律，又把社会一个特定的历史阶段的规律看成同样支配着一切社会形式的抽象规律。

重农主义的自然秩序，实质上是被理想化了的资本主义社会。人身自由和私有财产是自然秩序所规定的人类的基本权利，是天赋人权的主要内容。自然秩序的实质是个人的利益和公众利益的统一，而这统一又只能在自由体系之下得到实现。于是重农主义者就从自然秩序引申出经济自由主义。

虽然重农主义者的一系列具体主张在18世纪后期就无人再相信，但他们的基本理论学说对近代社会有深远的影响。重农主义将经济观点建立在经济图表和数据计算之上，对国民经济体系做了系统的描述，创造了一种基于理性逻辑思维的经济学体系，使得经济学成为自成门类的独立学科。重农主义者因此也被称为欧洲第一个科学的经济学派。他们的思想经过亚当·斯密的吸收和改造，成为古典经济学的一个重要部分。

亚当·斯密创建古典政治经济学体系

　　作为18世纪集欧洲古典经济学之大成者和近代资本主义经济学家的代表人物，亚当·斯密是当之无愧的。亚当·斯密是经济学的主要创立者。1723年亚当·斯密出生在苏格兰法夫郡的寇克卡迪。亚当·斯密的父亲也叫亚当·斯密，是律师、也是苏格兰的军法官和寇克卡迪的海关监督，在亚当·斯密出生前几个月去世；母亲玛格丽特是法夫郡斯特拉森德利大地主约翰·道格拉斯的女儿，亚当·斯密一生与母亲相依为命，终身未娶。

　　亚当·斯密常想事情想得出神、丝毫不受外物干扰，有时也因此发生糗事。例如，亚当·斯密担任海关专员时，有一次因独自出神将自己公文上的签名不自觉写成前一个签名者的名字。亚当·斯密在陌生环境发表演说时，刚开始会因害羞频频口吃，一旦熟悉后便恢复辩才无碍的气势，侃侃而谈；而且亚当·斯密对喜爱的学问研究起来时相当专注、热情，甚至废寝忘食。

　　1723—1740年间，亚当·斯密在家乡苏格兰求学，在格拉斯哥大学时期他完成了拉丁语、希腊语、数学和伦理学等课程。1740—1746年间，赴牛津大学求学，但在牛津并未获得良好的教育，唯一的收获是大量阅读了许多格拉斯哥大学缺乏的书籍。1750年后，亚当·斯密在格拉斯哥大学不仅担任过逻辑学和道德哲学教授，还负责学校行政事务，一直到1764年离开为止。这一时期，亚当·斯密于1759年出版的《道德情操论》获得学术界极高评价。亚当·斯密的代表作《道德情操论》于1759年出版，并一举确立了他在学术界的地位。在该书中，亚当·斯密认为，人是受感情驱使的动物，同时又有思想能力和同情心进行自我节制。这种双重性即使人们相互斗争，又能使人们创造社会制度来缓和两败俱伤的斗争，甚至变相互斗争为共同的利益合作。最终促成人类共同利益得以实现的就是一只"看不见的手"。"看不见的手"是追求自我利益的人们的合作，是人们走向共同利益的实现。这一论点实际上是霍布斯、洛克以来理性的道德论的继续，奠定了其续篇《国富论》的心理学基础。而后于1768年开始着手著述《国家康富的性质和原因的研究》（简称《国富论》）。1773年时，虽然《国富论》已基本完成，但亚当·斯密多花三年时间润饰此书，1776年3月此书出版后引起大众广泛的讨论，影响所及除了英国本地，连欧洲大陆和美洲也为之疯狂，因此世人尊称亚当·斯密为"现代经济学之父"和"自由企业的守护神"。

亚当·斯密的经济学代表著作《国富论》的伟大成就之一是摒弃了许多过去的错误概念。亚当·斯密驳斥了旧的重商主义学说。这种学说片面强调国家贮备大量金币的重要性。他否决了重农主义者的土地是价值的主要来源的观点，提出了劳动的重要性。亚当·斯密的分工理论重点强调劳动分工会引起生产的大量增长，抨击了阻碍工业发展的一整套腐朽的、武断的政治限制。

1778—1790年间亚当·斯密与母亲和阿姨在爱丁堡定居，1787年被选为格拉斯哥大学荣誉校长，也被任命为苏格兰的海关和盐税专员。1784年斯密出席格拉斯哥大学校长任命仪式，1787年担任校长职位至1789年。亚当·斯密在去世前将自己的手稿全数销毁，于1790年7月17日与世长辞，享年67岁。

《国富论》的中心思想是，看起来似乎杂乱无章的自由市场实际上是

个自行调整机制，自动倾向于生产社会最迫切需要的货品种类的数量。例如，如果某种需要的产品供应短缺，其价格自然上升，价格上升会使生产商获得较高的利润，由于利润高，其他生产商也想要生产这种产品。生产增加的结果会缓和原来的供应短缺，而且随着各个生产商之间的竞争，供应增长会使商品的价格降到"自然价格"即其生产成本。谁都不是有目的的通过消除短缺来帮助社会，但是问题却解决了。用亚当·斯密的话来说，每个人"只想得到自己的利益"，但是又好像"被一只无形的手牵着去实现一种他根本无意要实现的目的，……他们促进社会的利益，其效果往往比他们真正想要实现的还要好。"（《国富论》，第四卷第二章）

但是如果自由竞争受到阻碍，那只"无形的手"就不会把工作做得恰到好处。因而亚当·斯密相信自由贸易，坚决地为反对高关税而申辩。事实上他坚决反对政府对商业和自由市场的干涉。他声言这样的干涉几乎总要降低经济效率，最终使公众付出较高的代价。亚当·斯密虽然没有发明"放任政策"这个术语，但是他为建立这个概念所做的工作比任何其他人都多。

有些人认为亚当·斯密只不过是一位商业利益的辩护师，但是这种看法是不正确的。他经常反复用最强烈的言辞痛斥垄断商的活动，坚决要求将其消灭。亚当·斯密对现实的商业活动的认识也并非天真幼稚。《国富论》中记有这样一个典型观察："同行人很少聚会，但是他们的会谈不是策划出一个对付公众的阴谋就是炮制出一个掩人耳目提高物价的计划。"

从亚当·斯密的经济思想可以发现：以前学者多研究经济现象，所称经济学不过是特定时代、特定场所的经济政策。亚当·斯密则以"人性"为出发点，把普遍性带入了经济学的领域，使之成为社会科学。以前学者以增加人民财富作为富裕国家的手段，亚当·斯密则确立以改善人民生活为主的经济学观念。将"国富"的标准，由不生产的"货币"与仅生产

"纯产物"的农业，变为以国民每年劳动生产"物品"总量的增加，亦即国家所拥有全部交换价值总额的增加为标准。作为一位"经济自由主义"的倡导者，亚当·斯密对工商业者的工作甚为赞赏，但对他们的动机不无怀疑。

"政府不干涉"对亚当·斯密而言，不过是个普通的原则，而不是一条绝对的原则。除政府三任务外（一、巩固国防，以防止外力的侵犯。二、建立司法组织，以维持社会治安与公道。三、创设公共工程制度，以补救私人企业之不足。），他还赞成政府管理邮政、合法限制利率、国民义务教育，及一切自由业或信用业的执照考试等。他也同意用公共规章以保障国民之有形安全，像是采取卫生措施以预防传染病的蔓延。

亚当·斯密心目中的政府，不是无为的。他心目中的自由，不是无条件的。他曾明白表示："若一小部分人侵犯天赋的自由权，……足使全体社会有蒙受危险的可能，此时可以应用政府法律来加以抑制。这与政府之为自由政府或专制政府无关。"

亚当·斯密的经济学理论，分析了资本主义经济的内部联系，并在劳动与分工、交换与货币、商品与价值、资本与社会再生产等理论中作出了重要贡献。他根据英国的资产阶级哲学和政治观点，建立了古典政治经济学的完整体系，大力弘扬了个人主义和自由主义思想，系统论述了经济自由主义的理论与政策，并由此成为西方自由主义经济学的思想和学术渊源。

文化沙龙与资本主义文化体系

随着西班牙的衰落，法国从17世纪中叶开始，逐渐成为欧洲大陆第一强国。路易十四统治时期，法王中央集权空前加强，巴黎成了富庶的象征、文化的中心。文艺复兴和宗教改革在法国垒起新时代文化的坚实基础，尼德兰、英国的资产阶级革命和英国的新思想给法国以巨大影响。法国人以自己固有的热情和浪漫关注社会国家，关注人类自己的命运，掀起了一场声势浩大、席卷整个欧洲的启蒙运动，进而彻底改变了欧洲文化的面貌。沙龙是浪漫的法国人发明的一种文化的特殊表现形式，对于启蒙文化的形成具有重要影响。

1667年，法王路易十四在卢浮宫内的阿波罗沙龙（即阿波罗厅）举办了一个皇家绘画雕塑学院院士的作品展览会。此后每年定期举办，对法国艺术的发展起到了重要的促进作用。此风流播，一些大贵族也在自家客厅里邀请文化名流谈论哲学、科学和文学艺术，女主人往往是这种文化沙龙最热心的组织者，郎布耶侯爵夫人的沙龙最为著名。沙龙文化强调思想和表达方式的细腻、雅致，提倡探索人类心理的艺术，这些特征推动了法国古典主义文学的发展和思想的活跃。

到了18世纪，凡尔赛宫已经不能再以自己的政治倾向和艺术趣味来左右文化界，巴黎的沙龙、咖啡馆和各种俱乐部成为新时代文化活动的中心。思想家、诗人、作家、艺术家在这些地方不仅谈论文学艺术，还可以自由地讨论社会、政治、宗教等问题。许多沙龙、咖啡馆和俱乐部成为自由思想的传播场所，一些揭露专制暴政、提倡无神论的进步思想在这些地方不胫而走。虽然经常有来自王室和教会的打击和迫害，但自由思想和自由创作已成为法国一种不可抗拒的文化潮流。启蒙运动就是在这样的文化背景下展开的。

启蒙思想家"不承认任何外界的权威，不管这种权威是什么样的。宗教、自然观、社会、国家制度，一切都受到了最无情的批判；一切都必须在理性的法庭面前为自己的存在作辩护或者放弃存在的权利。思维着的悟性成了衡量一切的唯一尺度。以往的一切社会形式和国家形式、一切传统观念，都被当做不合理的东西扔到垃圾堆里去了。"

英国是最先建设起资本主义文化体系的，但是率领欧洲彻底地向封建文化宣战，为资产阶级革命作全面舆论鼓吹的却是法国。法国知识分子在同法王的专制主义和天主教进行斗争的时候，都积极地向英国文化学习，重要的启蒙思想家几乎都到过英国。他们羡慕英国的社会政治制度和欣欣向荣的科学与艺术，牛顿的科学成就和洛克的哲学被介绍到法国，莎士比亚的戏剧也开始在巴黎的舞台上演出，英国的一些社会风尚也传到法国。

从字面上讲，启蒙运动就是启迪蒙昧，反对愚昧主义，提倡普及文化教育的运动。但就其精神实质上看，它是宣扬资产阶级政治思想体系的运动，并非单纯是文学运动。它是文艺复兴时期资产阶级反封建、反禁欲、反教会斗争的继续和发展，直接为１７８９年的法国大革命奠定了思想基础。启蒙思想家们从人文主义者手里进一步从理论上证明封建制度的不合理，从而提出一整套哲学理论，政治纲领和社会改革方案，要求建立一个以"理性"为基础的社会。他们用政治自由对抗专制暴政，用信仰自由对抗宗教压迫，用自然神论和无神论来摧毁天主教权威和宗教偶像，"天赋人权"的口号来反对"君权神授"的观点，用"人人在法律面前平等"来

反对贵族的等级特权，进而建立资产阶级的政权。启蒙运动，既是文艺复兴时期新兴资产阶级反封建、反教会斗争的继续和深化，也是资产阶级政治革命的理论准备阶段。首先，从反封建方面说，文艺复兴运动的反封建，主要是反对封建领主的割据状态，要求建立民族统一的君主专制政体，以便在王权保护下发展资本主义经济。而在启蒙运动中，资产阶级已完成资本原始积累的过程，进一步提出要求获得政权，建立资本主义政治制度。文艺复兴时代的反封建侧重于思想意识、伦理道德的范畴，而启蒙运动侧重于政治制度和政权性质方面。

其次，从反教会方面说，文艺复兴时期主要是揭露中世纪天主教会的贪污腐化，谴责修道院戕害人性的罪恶，要求进行宗教改革，废除繁琐的宗教仪式，提倡比较简便的礼仪。在启蒙运动时，由于唯物论和自然科学的发展，因此在反教会方面就比文艺复兴时期更为彻底，它已把反教会提高到自然神论和无神论的高度。

再次，从人文主义思想的内涵上来看，文艺复兴时代强调的是反禁欲主义，要求个性解放，执着尘世，面向现实。到了18世纪启蒙时代，人文主义思想的重点，就转移到提倡"自由、平等、博爱"等政治原则方面来。由于启蒙运动具有政治思想革命运动的性质，因此启蒙运动的参加者决不限于文学家。除法国的孟德斯鸠、伏尔泰、狄德罗、卢梭等四大启蒙作家外，英国的哲学家洛克、科学家牛顿、德国的美学家莱辛和海尔德尔、荷兰的哲学家斯宾诺莎，德意志的康德等，均属启蒙思想家的行列。

还有，从文艺的风格和方法上说，启蒙时期的现实主义，是文艺复兴时期现实主义的继续，但又有新的发展。它的特征不在于情节的生动性和丰富性，不在于刻画人物的性格，而在于具有更多的政论性，作家们都有意识地把他们自己的政治思想贯穿在文学作品之中。这些启蒙著作，成了资产阶级与封建阶级争夺政权的精神武器，是传播资产阶级世界观的"百科全书"。作品中的语言不是诗化，而是流畅的雄辩的政论性散文，富有逻辑性、启发性和战斗性。有些作品，由于哲学意义的深刻、强烈，使它们变成小说化了的哲学论文。启蒙作家的作品都具有纯理性的特点。

启蒙学者的思想武器直接取自英国的国家学说，且更为激进。他们宣扬资产阶级的价值观，具有乐观的战斗精神，相信人类不断进步，将要在封建社会的废墟上建立一个新的社会，即他们所标榜的"理性的王国"。法国启蒙思想家的作品出版后，立刻就传到了欧洲其他国家，很快就出现了各种译本，推动了德国、俄国、意大利等地的启蒙运动。法国启蒙运动的这种影响随着法国大革命的成功和拿破仑的扩张，在19世纪初达到最高潮。

孟德斯鸠的三权分立学说

公元18世纪法国启蒙思想家、法学家孟德斯鸠（1689—1755）是启蒙运动的主要代表之一，资产阶级国家和法理论的奠基者，也是地理政治学派的开山鼻祖。

孟德斯鸠出生于法国波尔多附近的拉伯烈德庄园的贵族世家。他所处的时代是17世纪末和18世纪前叶，此时正值法国封建主义和君主专制从发展高峰急剧走向没落的时期，统治阶级以极其残忍的手段压迫广大人民，宫廷和贵族极尽奢侈，民众却在饥寒中挣扎，长期的战乱、苛政使农民起义此起彼伏，政治、经济危机愈演愈烈。工业革命在法国逐渐兴起，工业资产阶级的利益与专制主义的冲突日益尖锐，资产阶级革命的时机进一步成熟。另外，思想领域的革命也为孟德斯鸠理论的形成做好了较为充分的思想准备。英国培根的实验主义，法国笛卡儿的理性主义对他产生着深刻的影响。一大批进步的史学家、科学家、哲学家、作家和进步人士为新兴的资产阶级奔走呼号，他们激烈的抨击封建主义腐朽的社会秩序。英国资产阶级革命的思想也被广泛接受。这都为《论法的精神》的诞生打下了坚实的社会基础。但由于他出身于贵族家庭、是法国18世纪上半叶新兴的资产阶级在政治上的温和派代表，使他看不到人民群众的伟大力量，所以在他的思想中具有非常明显的不彻底性和妥协性。他一方面对封建专制主义进行了无情的揭露和深刻的批判，另一方面又同它进行妥协，提出君主立宪的主张。他一方面对宗教僧侣主义进行了斗争，另一方面他又不是一个无神论者，而是一个自然神论者。他虽然比其他许多启蒙思想家更深刻地提出了社会发展的规律性和动力问题，可却不能正确地解决这个问题，而且在社会观方面他仍然是个唯心主义者。

正由于孟德斯鸠的思想具有这种两重性，所以在他逝世以后，他的思想在不同的社会阶级中间便很自然地引起了不同的反应和得到了不同的对待。一切反动阶级的代表人物和反动思想家，都总是力图利用孟德斯鸠的不彻底性和妥协性来为自己的反动政治目的服务。一切先进阶级的代表人物和先进思想家，则总是以积极的态度对待孟德斯鸠的思想遗产。他们既充分肯定孟在反对封建专制主义、反对天主教神学斗争中的伟大功绩，又指出它在这些斗争中的妥协性和不彻底性，他们既充分肯定孟在社会学研究方面所做出的巨大贡献，又指出它的社会学中的缺点和错误。

《论法的精神》一书一经出版立即引起了轰动，受到了极大的欢迎和赞许，两年中印行了22版。在该书中，孟德斯鸠全面系统地阐述了自己的哲学、政治、法律、社会、经济、历史观点，提出了"三权分立"学说。他认为，国家的目的是保障公民的政治自由和私有财产权利，为此，必须实行三权分立制度：君主掌握行政权，议会行使立法权，法院专管司法权，使立法权、行政权和司法权分别掌握在不同的国家机关和人的手中，这种既可以使三种权力互相制约，又可以使之互相平衡，从而有条不紊地、互相协调行动，最终建立起真正的法治国家。这种"以权力约束权力"的制衡原则，可以防止滥用权力、杜绝专横和避免专制独裁，是最理想的政治制度。孟德斯鸠的三权分立学说是法国早期资产阶级的政治纲领。它表达了法国新兴资产阶级要参与政治，与封建统治阶级"分权"的要求，在当时具有反封建的革命性和进步性，也成为西方资产阶级夺取政权的思想武器并为建立资产阶级专政服务。他的分权学说针对专制制度，

但却以英国的君主立宪为楷模，所以比较温和，妥协色彩很浓。

孟德斯鸠一系列政治学说和法律观点，对资产阶级民主制度的形成和发展，产生过重大作用。作为资产阶级法学理论的奠基人，孟德斯鸠非常强调法的作用。在他看来，法律就是理性的体现。他说："一般地说，法律在它支配着地球上所有人民的场合，就是人类的理性；每个国家的政治法规和民事法规应该只是把这种人类理性适用于个别的情况。"也就是说，各国的法律不过是人类理性在特殊场合的应用。他认为，各国的法律和各国的地理条件、天气、土地面积、居民的生活方式、宗教、人口、贸易乃至风俗习惯都有关系，而政体原则对法律的影响最大。所有这些关系综合起来，就构成"法的精神"。

《论法的精神》是资产阶级法学的"百科全书"，被伏尔泰推崇为"理性和自由的法典"，对后来美国独立战争中的《独立宣言》、法国大革命中的《人权宣言》都有巨大的影响。孟德斯鸠的社会政治理论尤其是关于分权和法制的学说，对18世纪法国资产阶级革命以及其他国家的资产阶级革命运动产生过相当巨大而又深刻的影响，对中国资产阶级改良派也产生了相当大的影响。《论法的精神》在1913年就被严复译成中文，以《法意》的书名出版。

孟德斯鸠思想对后世思想家们理论的形成是有重大影响的。他对封建专制主义和宗教神学的批判，他的自然法理论和他有关自由、平等、私有制的论断等，曾对法国唯物主义者狄德罗、霍尔巴赫、爱尔维修等人产生过重要影响。

孟的社会政治思想，尤其是他的法制思想、三权分立思想、君主立宪思想，对德国古典哲学家康德、谢林、黑格尔也产生过不同程度的影响。他以专制政体为三种基本的政府形态之一，使得专制政体成为18世纪政治思想中的一个核心主题，不仅如此，他还是西方思想家中第一个将中国划入"专制政体"的人。因此，孟德斯鸠被认为是"从否定方面将中国列入一种世界模式的第一人……为法国和欧洲提供了与以往不同的中国形象"。

孟德斯鸠的理论曾被欧美资产阶级革命家用作反对封建暴政的锐利武器，尤其是他关于分权和法制的理论更为一些资产阶级国家所直接采用。

法国启蒙运动的领袖——伏尔泰

伏尔泰（1694—1778），原名弗兰苏阿，马利·阿鲁埃，伏尔泰是他的笔名。他是18世纪法国启蒙运动的领袖和导师，资产阶级政治思想家和哲学家。生于巴黎法院公证人家庭。自幼喜爱诗歌文学。青年时不顾父亲的反对，决心献身于文化事业，经常出入于自由思想极为浓厚的沙龙和咖啡馆，以其俏皮的警句而闻名。1717年和1725年因为发表揭露宫廷淫乱的讽刺诗得罪贵族，两次被监禁在巴士底狱。1718年以伏尔泰的笔名发表悲剧《奥狄浦斯王》，一举成名。1726年被逐，侨居英国4年，此间他深受洛克和牛顿的影响，崇尚英国君主立宪制度，1729年回国。公元1733年发表《哲学通信》，总结了他在英国的观感和心得，因而遭到迫害，在小城西雷隐居十余年，从事著述。1745年任宫廷史官，1746年当选为法兰西学院院士。1750年应普鲁士国王邀请去柏林，后因觉察被欺骗毅然出走，在法国和瑞典边境凡尔纳定居下来。此时他广泛开展文学和社会活动，热情支持狄德罗等人的斗争，并为《百科全书》撰写哲学词条和通信指导并支持法国以及欧洲各国的进步学者。他的家成了欧洲进步舆论的中心和反封建的圣地。公元1778年2月，84岁的伏尔泰返回阔别28年之久的巴黎，受到群众的欢呼致敬，礼遇之隆甚于帝王。不久即病逝于巴黎，遗体在大革命期间被移放到巴黎的先贤祠。

伏尔泰毕生都在同天主教的思想专制和宗教迷信作斗争。他认为，教会散布的启蒙主义是一切社会罪恶的根源；一部教会史就是一部迫害、抢劫、谋杀和胡作非为的历史。为了"消灭败类"，他写了大量文学、史学作品和理论著作，并直接参与现实的反宗教迫害斗争。他的平等、自由观和重在寻找直接与人的自然权力相适应的社会立法原则，为反封建等级特权专制制度提供了思想武器。他反对封建专制政体，崇尚但又害怕共和政体，主张建立一个在"哲学家国王"领导下，依靠资产阶级力量的开明的学者的国家。他的成就除政治思想方面外，还遍及文学、哲学、史学等许多领域。维克多·雨果曾经说："伏尔泰的名字所代表的不是一个人，而是整整一个时代。"

伏尔泰才思敏捷，多才多艺。他的作品以尖刻的语言和讽刺的笔调而闻名。他说："笑，可以战胜一切。这是最有力的武器。"他的书被列为禁书，他本人多次被逐出国门。

伏尔泰写过大量文学作品，其中著名的有史诗《亨利亚德》《奥尔良少女》，悲剧《欧第伯》，喜剧《放荡的儿子》，哲理小说《老实人》。他还写过不少历史著作，如《路易十四时代》《论各民族的风俗与精神》等。在哲学方面，他的代表作有《哲学辞典》《形而上学论》《牛顿哲学原理》等著作，其中最有影响的一本书是《哲学通信》被人称为"投向旧制度的第一颗炸弹。"伏尔泰非凡的才智，锐利的思想以及他对黑暗的封建专制主义所作的揭露，使他在人民中间享有崇高的声望。统治者也想利用他：路易十五请他当过宫廷史官；腓特烈二世把他待为上宾；俄国女皇叶卡捷琳娜二世曾接见过他，但最终由于他的叛逆思想而使他最终不受统治者的观望。痛苦的经历使他决心不再与任何君王往来。

至于伏尔泰的宗教观，伏尔泰尖刻地抨击天主教会的黑暗统治。他把教皇比做"两足禽兽"，把教士称作"文明恶棍"，说天主教是"一些狡猾的人布置的一个最可耻的骗人罗网"。他号召"每个人都按照自己的方式

同骇人听闻的宗教狂热作斗争，一些人咬住他的耳朵；另一些人踩住他的肚子，还有一些人从远处痛骂他。"不过伏尔泰并不是一个无神论者，而是一个自然神论者。他认为要统治人民；宗教是不可缺少的。他说"即使没有上帝；也要造出一个上帝来"。

伏尔泰崇尚平等观，信奉自然权利说，认为"人们本质上是平等的"，要求人人享有"自然权利"。他主张人人在法律面前平等，但又认为财产权利的不平等是不可避免的。他把英国的君主立宪制理想化了。在哲学上，他承认物质世界的客观存在，肯定认识来源于感觉经验，但他又认为神是宇宙的"第一推动者"。他对劳动人民是十分鄙视的，认为他们只能干粗活，不能思考，说"当庶民都思考时，那一切都完了"。

伏尔泰推崇中国文明。他认真研究了中国的儒家思想。热情歌颂中国是一个理性主义国家。他根据元杂剧《赵氏孤儿》的法译本，写了一部悲剧《中国的孤儿》，赞扬了中华民族的智慧和德行，其作品《关于中国礼仪的争论》也在法国引起了很大反响。

伏尔泰本人不间断地致力于评论当时的问题，是公民自由激越的代言人。在这方面他的口号是"铲除丑行"，此处"丑行"指各种形式的压制、狂热和偏执。用他自己的话来说，他认为，"一个人因为别人与他意见不同而加以迫害实在与禽兽无异"。在所有的褊狭中，伏尔泰对宗教偏执最为憎恶，因为它建立在荒谬的迷信基础上。除了反对宗教压制以外，伏尔泰还经常抨击世俗国家实行的专断统治。他尤其认为英国的议会制度比法国的专制制度更可取，同时当国家的政策导致无意义的战争时，这些国家就是在犯罪。他不无讽刺地坚称，"杀人为法律所不容，因此所有杀人犯都要受到惩罚，然而他们在军号声中大规模地进行屠杀却除外！"

伏尔泰作为本质上具有乐观主义精神的启蒙原则的鼓吹者，在他的身上可以看到法兰西民族性格的特点：批判精神，机智俏皮和揶揄嘲讽。他漫长的一生处于从文艺复兴后期形成的古典主义到大革命前夜这一过渡时期，他的作品——包括文学作品和思想著作——左右着整个欧洲文化的发展方向。这位启蒙时代最伟大的作家，他的思想对其时代产生了最深远的影响。伏尔泰作为资产阶级思想家，有其局限性，这是毫不奇怪的。因为在他的身上也深深地打上他所处的那个时代和阶级的烙印。不过他在反封建的启蒙运动中作出的巨大的贡献，是值得人们永远纪念的。

狄德罗创立百科全书派

德尼·狄德罗是法国启蒙思想家、哲学家和作家，百科全书派的代表，他的最大成就是主编《百科全书》（1751—1772）。此书概括了18世纪启蒙运动的精神。其他著作包括《对自然的解释》（1754）和《生理学基础》（1774—1780）以及一些小说、剧本、评论论文集以及写给很多朋友和同事的才华横溢的书信。

狄德罗思想独具一格，他是一个坚定的无神论者。狄德罗深刻地论证了物质与运动的关系，在它看来，运动是物质固有的性质，物质和运动是不可分的。他的思想观点克服了牛顿以及伏尔泰、孟德斯鸠等人的局限，对唯物主义哲学作出了重要贡献。以狄德罗为首编写的《百科全书》影响巨大，"百科全书派"几乎成了法国启蒙运动的代名词。

1713年，狄德罗出生在法国兰格尔一个富裕的手工业者家庭。他有句名言："怀疑是向哲学迈出的第一步。"这一思想在他早期著作中就充分体现了出来。1746年，他的《哲学思想录》一书出版。他在书中谴责了暴君的压迫，并怀疑上帝的存在。该书一问世，立即被巴黎议会下令焚毁。但狄德罗毫不畏惧，1749年，他又推出了《供明眼人参考的谈盲人的信》，引起教会势力的仇恨，他也被冠以"思想危险"的罪名而关进监狱，三个月后才获释。

1747年，34岁的狄德罗在巴黎已经很有名气，他着手拟定新的《百科全书》的编写大纲。他印制了 8 000 份说明书，向社会公布了该书的出版宗旨和编写计划，并明确宣布出版目的在于改变迄今为止人们的思想方式，在于搜集知识传至后代，使后人不仅知识更加丰富，而且更加有教养。

狄德罗的计划很快得到了伏尔泰、卢梭、霍尔巴特、爱尔维修等二十多位著名学者的支持。在他们的帮助下，狄德罗把法国几百名优秀的思想家、哲学家、科学家、政治家以及工程师、航海家、军事专家和医生组织起来，分担全书的条目写作任务。并由狄德罗任主编，达朗贝尔任副主编。随着编写过程中的交往联系，一个代表第三等级利益，以反对封建专制、天主教会和经院哲学为己任的"百科全书派"也逐渐形成。

1752 年，《百科全书》的第一、二卷出版问世。教会立即指派三名教士进行逐条审查，并指责该书为"异端"。巴黎高级法院还对一位作者提出起诉，使得他不得不出逃。但正是在这时，新出版的《百科全书》在社会上广泛流传，人们争相阅读，赞叹不已。连巴黎的贵族妇女们都喜欢在自己的梳妆台上放上两本《百科全书》，并很快风靡一时，成为巴黎上流社会妇女的一种时尚。法国国王路易十五的近臣诚惶诚恐地说，如果全国每一位妇女的梳妆台上都放有这套《百科全书》的话，国家的安全将受到危害。路易十五于是下令查禁。但这样一来，反而引起人们的更大兴趣，越来越多的人同情这些编写者，支持他们的进步观点。国王的情妇和王公贵族中也有为《百科全书》说情的，当局只好默认《百科全书》的继续出版。

然而，到了 1757 年，出版《百科全书》的环境更加恶化。这一年的年初，发生了达米安行刺国王未遂的事件，法国封建势力惊恐万状，借机迫害进步人士，加强专制恐怖的统治。《百科全书》的一百六十多名条目作者在受到监视和威胁后，相继退出编写工作，就连一直协助狄德罗工作的

副主编达朗贝尔，也因忍受不了威胁和折磨提出了辞职。在异常艰难的情况下，一些好心的赞助人也劝狄德罗暂停编书工作或远走他乡，到国外去续编。但狄德罗早已抱定了为真理和正义献身的信念，他大义凛然地表示："我们难道是白白被人叫作哲学家的吗？"1766年，当局对于《百科全书》的迫害到了顶点。高等法院的一位大法官凶相毕露地狂叫："哲学家们的书烧够了，现在该是烧哲学家本人的时候了！"于是国王在全国颁布命令："所有购买者必须呈缴全部已购的《百科全书》。当时，《百科全书》的编纂开始进入最后阶段，在极端险恶的处境中，狄德罗冒着生命危险，在秘密的状态下继续工作。

1766年年末，狄德罗终于完成了三十五卷的巨著《百科全书》的全部正篇的编纂工作。1772年出版了二十八卷。他继承并发展了笛卡儿、洛克和拉·美特利的唯物主义，反对贝克莱和休谟的唯心主义与不可知论。他认为没有超物质或离开肉体的精神和心理，他把人比喻为一架具有感觉和记忆能力的钢琴，嘲笑贝克莱"以为自己是世界上存在的唯一的钢琴，宇宙的全部和谐都发生在它身上"，说其是一架"发疯的钢琴"。他把个体心理的发展和心理的过程都看做物质因素相互作用所致。他说："这些物质因素逐步产生的结果，便是一个迟钝的生物，一个有感觉的生物，一个有思想的生物。"狄德罗坚持感觉是一切知识的唯一源泉，观念和思维能力都是由感觉发展而来的，这是典型的感觉主义心理学思想。狄德罗一生提倡科学，曾被教会关押三个月，但他毫不畏惧，临终时他说"我死后，随便人们把我葬在哪里都行，但是我要宣布我既不相信圣父，也不相信圣灵，也不相信圣族的其他任何人！"到了1780年，《百科全书》三十五卷由出版社出齐。

作为哲学思想家，狄德罗的哲学思想既反映形而上学的思维方式，又夹杂着一些辩证法的因素。1749年发表的《论盲人书简》充分表述了无神论思想。这种思想没有停留在以触觉为衡量事物存在与否的准则上，而是深入到了理论思维的领域。狄德罗把世界设想为一个大系统，认为其中存在的只有时间、空间与物质；物质本身具有活力，能够自行运动，不需要它以外的神秘力量参与；运动是物质的一种属性，物质与运动不可分割的联系造成绚丽多彩的大千世界，这个世界是统一的，统一于物质；由于物质不断运动，永远处于变化的过程中，所以新鲜的事物层出不穷；所有的事物都相互联系，联系与统一具有内在的逻辑上的蕴涵关系。

在认识论方面，狄德罗强调感觉论，认为出现在理智之中的，必然首先来源于感性认识，他从认识的起源上反驳先验论以及纯属思辨性质的形而上学。主张感性认识与理性认识两条轨道相辅相成，共同推进人类认识。狄德罗在坚持唯物主义哲学观点的同时，又具有同时代唯物主义者缺乏的辩证法思想，有些学者认为他的唯物主义应该称为过渡性的唯物主义。

狄德罗晚年的物质生活很贫困，他一生从未得到过法国官方的承认，也没有得到过任何职位。为了给女儿购置嫁妆，他竟不得不忍痛卖掉自己的藏书。1784年，狄德罗在巴黎逝世。

法国大革命的思想先驱——卢梭

卢梭（1712—1778），一位出身寒微，在呱呱坠地之际即失去母亲，不久又不得不寄人篱下，十几岁就开始流浪生涯，后以反抗伏尔泰、狄德罗百科全书派为己志，而被社会视为危险的反叛分子，被看成精神失常，被疑为图谋不轨，为人驱逐，终生颠沛流离。这样一个人，如何能在身后远胜伏尔泰，使宗教复活，使教育改变形态，使法国民气提高，而激发了浪漫主义和法国大革命，进而影响到康德、叔本华的哲学，席勒的戏剧，歌德的小说，华兹华斯、拜伦和雪莱的诗歌，马克思的社会主义以及托尔斯泰的伦理学？诸如此类影响，使他在有史以来最具影响力的18世纪作家和思想家中，成为对后代贡献最大的一位。这种种影响究竟是如何形成的呢？

卢梭，全名为让·雅克·卢梭，1712年6月28日生于日内瓦，是法国移民的后裔伊萨克·卢梭和牧师女儿苏萨娜·贝纳尔夫妇的第二个孩子，全家靠做钟表匠的父亲的收入维持生活。卢梭这个小生命的出生，使他的母亲付出了生命的代价。卢梭五六岁的时候，便在父亲的陪伴下，日复一日地阅读母亲遗留给他的小说，渐渐充实并滋养了他年幼的心灵。7岁的卢梭就已将家里的书籍遍览无余。然而，一次意外变故彻底打断了他的家庭教育，也因此影响了他后来的一生。卢梭的父亲为躲避牢狱之灾只身逃离日内瓦，年仅10岁的卢梭就完全失去了双亲的呵护，之后他被舅父寄养在一牧师家学习拉丁文和乱七八糟的科目。两年后，12岁的卢梭便开始了独立谋生，先后在公证人事务所、钟表镂刻师处当学徒。16岁时，卢梭离家出走，开始过流浪生活，其间备尝人间艰辛。后经由一位朋友的介绍，结识了后来成为他情妇和养母的华伦夫人。1732年至1740年，卢梭在华伦夫人的照顾下，有过8年的安居欢愉的时日，其间他如饥似渴地读书，刻苦自学音乐、植物学等人文和自然知识，又受伏尔泰《哲学通信》的影响，努力练习写作，为卢梭的渊博知识奠定了稳固的基础。

1741年，29岁的卢梭来到巴黎，并结识了狄德罗。他先后当过家庭教师、书记员、秘书等职位，在巴黎默默无闻地过了近十年后，1749年，卢梭在狄德罗的鼓励下参加了第戎科学院的征文启事：《科学和艺术的进步对改良风尚是否有益》的征文竞赛，结果，他因荣膺榜首而一举成名。1756年，44岁的卢梭开始了他的隐居生活，隐居6年之中，卢梭写了许多著名的著作，《论人类不平等的起源和基础》《新爱洛伊丝》《社会契约论》和《爱弥儿》等著名作品都在这一时期诞生。

然而，卢梭的言行和著作都"不断避免向现存政权做任何即使表面的妥协"，封建政府和教会也就越来越不能容忍他。于是，1762年《爱弥儿》一出版，首先是法国，接着几乎是整个欧洲的反动势力掀起了反卢梭的浪潮，卢梭为了逃避逮捕，先后逃到瑞士、普鲁士、英国等地，他在流亡中继续写他的《忏悔录》。卢梭的流亡生活结束于法国政府宣布赦免他的1770年6月。他之后完成了《忏悔录》《对话录——卢梭批判让·雅克》《漫步者遐想录》，记述他晚年生活及遐想，感伤情调浓重，"像一只衰老的、悲鸣着的夜莺在寂寥的林中发出低低的哀鸣"（罗曼·罗兰），但追求独立自由和抗争的调子亦然响彻全篇。1778年5月20日他被崇拜者吉拉尔丹接到离巴黎不远的艾农维尔堡。7月20日突然中风死亡。1794年大革命高潮时期，他的遗骸同伏尔泰的一样，被移葬于巴黎先贤祠。

　　环视此期众多的启蒙思想家，卢梭是唯一一位在社会底层度过青年时代，从事过各种"卑贱"的工作的人，与他齐名的几位启蒙思想家中，孟德斯鸠是位穿袍贵族，伏尔泰本人是一个大资产者，家财万贯，就连狄德罗也是出生于富裕的家庭，或许正是这一原因（至少是一个主要原因），使卢梭显得比任何一位同道都要激进。同时卢梭多才多艺，曾经横跨好几个领域的思想疆场，在每一个领域都建立起独树一帜的观点学说，是世界公认的杰出的思想家、哲学家、教育家、文学家。

　　思想方面，卢梭是18世纪法国大革命的思想先驱、精神偶像，是启蒙运动最卓越的代表人物之一，在法国启蒙思想家中，卢梭对法国封建社会进行的批判最为严厉，最为激烈。他的思想精华和基本原则是人民主权思想。他认为一切权利属于人民，政府和官吏是人民委任的，人民有权委任他们，也有权撤换他们，甚至有权举行起义，消灭奴役压迫人民的统治者。这就是人民主权思想。卢梭还强调"公共意志"，认为它非常重要，公民应接受它的统治。"公共意志"的具体形式就是法律，遵守法律的行为就是自由的行为。卢梭的思想主张在法国大革命中成为罗伯斯庇尔领导的雅各宾派的理论旗帜，对欧美各国的资产阶级革命产生了深刻影响。

　　在《论人类不平等的起源和基础》中，卢梭尝试把政府的出现解释为统治者与被统治者的一种契约。人们愿意放弃个人自由并被他人所统治的唯一原因，是他们看到个人的权利、快乐和财产在一个有正规政府的社会比在一个无政府的、人人只顾自己社会中能够得到更好的保护。不过，卢梭又指出原始的契约有着明显的缺陷。社会中最富有和最有权力的人"欺骗"了大众，使不平等成为人类社会一个永恒的特点。

　　描述人和社会关系的《社会契约论》也许是卢梭最重要的著作，其中开头写道"人是生而自由的，但却无所不在枷锁之中"。这本书于1762年出版，当时无人问津，但后来成为了反映西方传统政治思想的最有影响力的著作之一。与他早期的作品相反，卢梭认为自然状态是没有法律和道德的兽性状态，好人是因为社会的出现才有的。自然状态下，常有个人能力无法应付的境况，必须通过与其他人的联合才能生存，因而大家都愿意联合起来。人们联合在一起，以一个集体的形式而存在，这就形成了社会。社会的契约是人们对成员的社会地位的协议。卢梭在《社会契约论》中提到，统治者与被统治者的契约应该被重新思考。政府不应该只是保护少数人的财富和权力，而是应该着眼于每一个人的权利和平等。不管任何形式的政府，如果它没有对每一个人的权利、自由和平等负责，那它就破坏了作为政治职权根本的社会契约。这种思想是法国大革命和美国革命的根本。事实上，说法国和美国革命是卢梭在社会契约上的抽象理论的直接结果毫不过分。罗伯斯庇尔就是卢梭的忠实信徒，被称为"行走中的卢梭"。

卢梭的政治哲学中最主要的原则是政治不应与道德分离。当一个国家不能以德服人，它就不能正常地发挥本身的功能，也不能建立对个人的权威。第二个重要的原则是自由，捍卫自由是国家建立的目的之一。这也是法国大革命由政治革命而社会革命，再由社会革命而道德革命，规模和程度远超英美的一个渊源。

卢梭虽然也对专制制度的暴虐和天主教会的伪善进行了无情的批判，但是他对宗教信仰的态度却与当时几乎所有的启蒙思想家都大相径庭。卢梭既反对用天主教的启示，也反对用自然神论的理性来实现对上帝的认识，而主张以真挚的情感和向善之心来与上帝进行沟通。这种贬抑科学理性、崇尚道德情感的宗教思想使与当时法国知识精英中盛行的以理性精神为基础的自然神论和无神论格格不入的（卢梭也因此而与当时几乎所有的法国启蒙思想家结下怨恨），但是它却符合一般平民百姓的质朴的宗教情感。宗教生活的根基在于道德良心和内在情感，而不在于知识理性，这是卢梭关于宗教的最基本的思想。如果说斯宾诺莎的泛神论把上帝等同于自

然本身，那么卢梭的宗教则把上帝等同于人的道德良心。卢梭的宗教思想对18世纪欧洲最伟大的哲学家康德产生了深刻的影响。在卢梭的基础上，康德以德国人特有的严谨态度论证了宗教神学的道德前提，从而建立起一套精致的道德神学体系。

作为文学家，在卢梭所作歌剧和小说等作品中，以《新爱洛伊丝》、《爱弥儿》和《忏悔录》最为优秀。

《爱弥儿》（1762）是一部讨论教育的哲理小说，卢梭通过对他所假设的教育对象爱弥儿的教育，来反对封建教育制度，阐述他的资产阶级教育思想。卢梭以他的《爱弥儿》在教育上掀起的是一场哥白尼式的革命。教育从来是以成人的能力和需要为标准的，卢梭却大声疾呼，要打破这个传统。"出自造物主之手的东西，都是好的，可一到了人的手里就全变坏了……"这是卢梭全部学说的纲领，也是其"自然教育"学说的纲领。卢梭主张按照"自然法则"保存和发展儿童来自自然的善良天性。卢梭对教育的观念——自然主义，深深地影响了现代教育理论。

《忏悔录》（1766—1770）是卢梭最早最有影响的自我暴露作品之一，书中毫不掩饰个人丑行，对后世影响深远。中国的作家郁达夫就深受卢梭自我暴露风格的影响。全书从作者出生一直写到1765年流亡到圣皮埃尔岛止。它名为"忏悔"实为对社会的"控诉"。社会的黑暗以及法国、瑞士、普鲁士诸国统治者和教会对他的迫害，都被他真实而生动地描绘出来了。在进行社会抗议的同时，作者严厉审视自我。他坦诚披露自己因人性被扭曲而产生的诸多丑行，并骄傲地赞颂自己个性的形成和发展。

综观卢梭的文艺创作，其突出的思想艺术特色是：1.站在"自然崇拜"哲学的高度，在批判旧世界的同时，努力谱写新生活，塑造新人，抒发新的思想感情；2.突破了古典主义乃至大多数启蒙作家的"理性"框架，把张扬主体感情置于创作的首位；3.尽情讴歌大自然，把千姿百态的自然景色情景交融地写进作品，大大开拓了人们的审美视野；4.他认为古希腊神庙前"你要认识你自己"的箴言应是哲学家和文学家首要关注的问题，他的作品都强调坦诚描写和寻求"自我"。卢梭的文艺创作不只给贵族古典主义文学以致命打击，就是在同时代启蒙作家中，他也是独树一帜。他作品的上述特点，以及他"返回自然"的口号，不只影响了法国新一代许多作家，而且直接影响了德国的"狂飙突进"运动。19世纪欧洲年轻一代作家进一步把卢梭开辟的新倾向发展为汹涌澎湃的浪漫主义文学运动。

拿破仑缔造法兰西帝国

　　拿破仑1769年出生在科西嘉岛的阿雅克修城，他的家族是一个意大利贵族世家，科西嘉岛刚刚被卖给法国后，法王承认其父亲为法国贵族。在父亲的安排下，拿破仑9岁时就到法国布里埃纳军校接受教育。1784年以优异成绩毕业后，被选送到巴黎军官学校。

　　拿破仑一开始自认是一个外国人，一心希望有一天能够让科西嘉从法国独立出去。16岁时父亲去世，他中途辍学并被授予炮兵少尉头衔。在随部队驻防各地期间，他阅读了许多启蒙思想家的著作，其中让·雅克·卢梭的思想对他的影响非常大。1789年法国大革命爆发后，拿破仑回到科西嘉，希望推动科西嘉独立，但遭到另一个亲英反法的保利集团排挤，最后全家逃往法国。

　　在1793年7月，拿破仑带兵攻下了保王党的堡垒土伦，因此受到雅各宾派的赏识。1794年热月政变中拿破仑由于和罗伯斯庇尔兄弟关系紧密而受到调查，后因拒绝到意大利军团的步兵部队服役而被免去准将军衔。1795年他受巴黎督政官巴拉斯之托成功平定保王党武装叛乱，一夜之间荣升为陆军中将兼巴黎卫戍司令，在军界和政界中崭露头角。

　　拿破仑是一名出色的军事家，对当时的军事知识深有研究，善于将各种军事策略运用于实战之中，尤其是主张将火炮集中使用，以及充分发挥骑兵的机动作用。1796年3月2日，26岁的拿破仑被任命为法国意大利方面军总司令，3月9日与情人约瑟芬·博阿尔内结婚，之后便匆匆奔赴前线。在意大利，拿破仑统帅的军队多次击退了奥地利与萨丁组成的第一次反法同盟联军，最后迫使对方签署了有利于法国的停战条约。

取得意大利之役的胜利后，拿破仑的威信越来越高，他成为法国人的新英雄。而他的崛起令督政府感到受威胁，因此任命他为埃及军司令，派往东方以抑制英国在该地区势力的扩张。在拿破仑的远征军中，除了2 000门大炮外，还带了175名各行业的学者以及成百箱的书籍和研究设备。在远征中拿破仑曾下达过一条著名的指令："让驴子和学者走在队伍中间。"拿破仑本人精通数学，同时还十分喜爱文学和宗教，受启蒙运动的影响十分大。

然而1798年远征埃及本身是一个大失败。拿破仑的舰队被英国的海军上将纳尔逊完全摧毁，部队被困在埃及。1799年回国时，400艘的军舰只剩下2只小舰，原本侵略印度的计划受阻，人员损失惨重。

此时欧洲反法联盟逐渐形成，而法国国内保皇派势力则渐渐上升。1799年8月，拿破仑最终决定赶回巴黎。1799年10月，回到法国的拿破仑被当做"救星"来欢迎。11月9日，拿破仑发动了雾月政变并获得成功，成为法国第一执政，实际为独裁者。

拿破仑之后进行了多项政治、教育、司法、行政、立法、经济方面的重大改革，其中最著名并且直到今天依然有重要影响的《拿破仑法典》，是在政变的当天晚上就由拿破仑下令起草的，很多条款拿破仑本人亲自参加讨论最终确定，基本上采纳了法国大革命初期提出的比较理性的原则。法典在1804年正式实施，即使是在一个多世纪后依然是法国的现行法律。法典对德国、西班牙、瑞士等国的立法起到重要影响。在政变结束后三周拿破仑向人民发布的公告中，他自豪地宣称："公民们，大革命已经回到它当初借以发端的原则。大革命已经结束。"

1800年，拿破仑再度打败奥地利军，英国也不得不与法国签订和约，迫使第二次反法联盟土崩瓦解。1802年8月，修改共和八年宪法，改为终身执政。1804年11月6日，公民投票通过共和十二年宪法，法兰西共和国改为法兰西帝国，拿破仑·波拿巴为法兰西人的皇帝，称拿破仑一世。但是他并不是由教皇庇护七世加冕，而是自己将皇冠戴到了头上，然后还为妻子加冕为皇后。一年之后，他又在意大利由教皇加冕为意大利国王。

1805年8月，奥地利、英国、俄国组成了第三次反法同盟，拿破仑于是在9月24日离开巴黎，亲自挥军东进，到10月12日法军已经占领了慕尼黑。10月17日法国和奥地利在乌尔姆激战后，反法同盟投降。之后法国又取得了奥斯特里茨战役的胜利，反法同盟再度瓦解，并且迫使奥地利取消了神圣罗马帝国的称号。拿破仑随后联合了德国境内各诸侯国组成"莱茵邦联"，把它置于自己的保护之下。次年秋天，英国、俄国、普鲁士组成了第四次反法同盟，但是10月14日法军同时在耶拿和奥尔斯塔特击溃敌军，普鲁士的军队几乎全军覆没，拿破仑因此取得了德国大部分地区。1807年6月法军又在波兰大败俄国军队，拿破仑与俄国沙皇亚历山大一世会面，双方签订了和平条约，在此前一年拿破仑颁布了《柏林赦令》，宣布大陆封锁政策，禁止欧洲大陆与英伦的任何贸易往来。自此，法国在欧洲大陆的霸主地位得到了确立。拿破仑一世兼任意大利国王、莱茵邦联的保护者、瑞士联邦的仲裁者，并分别封他的兄弟约瑟夫、路易、热罗姆为那不勒斯、荷兰、威斯特伐利亚国王。

1807年末西班牙爆发内部动乱，西班牙国王遭到人民的唾弃。拿破仑于是乘机入侵了西班牙，并让其长兄约瑟夫·波拿巴成为西班牙国王。但是这个举动遭到了西班牙人的反对，拿破仑根本无法平息当地的暴动。英国在1808年介入西班牙争端，之后他们在当地民族主义者的支持下，逐步将法军赶出了伊比利亚半岛。

正当拿破仑陷入西班牙泥潭之际，1809年初第五次反法同盟组成。奥地利在背后偷袭法在德国的领土，拿破仑被迫退出西班牙，率军东征。奥地利军队虽然一开始取得优势，但是拿破仑很快就转败为胜，迫使奥地利签订《维也纳和约》，再次割让土地。次年，拿破仑娶奥地利公主玛丽·路易莎为妻，法奥结成同盟。法兰西第一帝国达到全盛，拿破仑成为欧洲不可一世的霸主，成为与凯撒大帝齐名的拿破仑大帝。

到了1811年末，法俄关系已经开始恶化，俄国沙皇亚历山大一世拒绝继续与法国合作抗英，最后战争爆发。拿破仑率领操12种语言的50万大军进入俄罗斯。俄军采取了撤退不抵抗的战术。拿破仑本以为亚历山大一世将会妥协，未料到迎接他的却是莫斯科全城的大火。而此时在国内又有人策划了一次失败的政变，令他不得不赶回法国，最后回到法国的只有1万人。

1813年英国、俄国、普鲁士和奥地利组成了第六次反法同盟，双方在德国境内多次激战。虽然法军取得了多次胜利，但是针对拿破仑的压力却是越来越大，直到10月的莱比锡战役法军被击溃，各附庸国也纷纷脱离法国独立，同盟军开始向巴黎挺进。1814年3月31日，巴黎被占领，同盟军要求法国无条件投降，同时拿破仑必须退位。1814年4月13日拿破仑在巴黎枫丹白露宫签署退位诏书，此前两天拿破仑宣布无条件投降。拿破仑本人在退位后被流放到地中海上的一个小岛厄尔巴岛。拿破仑保留了"皇帝"的称号，可是他的领土只局限在那个小岛上。

拿破仑在往厄尔巴岛的路上几乎被暗杀，自己也尝试自杀未遂。而在巴黎，路易十八回到法国，重新成为法国国王，波旁王朝复辟。拿破仑的妻子和儿子被奥地利人囚禁，还有传闻说拿破仑将被流放到大西洋上的一个小岛，这一切令拿破仑别无选择，最后在1815年2月26日逃出小岛，率领1 000人3月1日回到法国。本来被派来阻止他的法国军队转而继续支持

拿破仑。3月20日拿破仑回到巴黎，此时他已经拥有一个14万人的正规军和20万人的志愿军，路易十八逃跑，百日王朝开始。

但是好景不长，欧洲各国迅速组成第七次反法同盟。1815年6月18日拿破仑的军队在比利时滑铁卢战役中全军覆没，7月15日他正式投降。法兰西第一帝国覆灭，路易十八再度复辟。拿破仑被流放圣赫勒拿岛。1821年5月5日，拿破仑在岛上去世，5月8日在礼炮声中这位征服者被葬在圣赫勒拿岛上的托贝特山泉旁。直至今日，拿破仑的死因还是众说纷纭，英国医生的验尸报告显示他是死于严重胃溃烂，但新的研究认为拿破仑死于砷中毒。他去世后九年，新的奥尔良王朝在人民的压力之下将拿破仑的塑像重新树立在旺多姆圆柱上。1840年，法国七月王朝的路易·菲利浦派其儿子将拿破仑的遗体接回。该年12月15日，拿破仑的灵柩被运回巴黎，在经过凯旋门后安葬到塞纳河畔的残废军人新教堂（即荣誉军人院）。

拿破仑是一名出色的军事家，他一生亲自参加的战役达到60多个，而其指挥的多个战役，直到今天在军事史上依然有重要意义。但是他的征战打破了欧洲的权力均衡，导致其他欧洲强权7次组成反法同盟，最终彻底击败拿破仑。在拿破仑战败后的维也纳会议上，新的欧洲秩序与均衡被很快重新建立起来。

虽然拿破仑曾经叱咤风云数十载，但是他的功绩是短暂的，在他退位后，法国的疆域很快又恢复到他执政前的样子，拿破仑的戎马生涯对之后的欧洲历史并没有重大影响。唯一能让他载入史册的，是由他本人下令编撰的《拿破仑法典》，这部法典是很多现代民主国家法律体系的原型。

除此之外，拿破仑也是最早提出欧洲合众国构想并试图通过武力来实现的人。虽然他本人并未成功实现这个梦想，今天的欧洲正在朝向一体化的目标迈进。

拿破仑为法国带来了荣耀，法国人民始终爱戴这位法兰西战士（有趣的是，他在18岁以前始终认为法国不是他的祖国），1840年12月他的遗体运抵巴黎后，90万巴黎市民冒着严寒迎接他。而在多年后，拿破仑也赢得了对手的尊敬。1855年英国维多利亚女王携王储（即后来的爱德华七世）到荣誉军人院，女王让王子"在伟大的拿破仑墓前下跪"。

德国古典哲学的创始人——康德

伊曼纽尔·康德（1724—1804），德国哲学家、天文学家、星云学说的创立者之一，德国古典哲学的创始人，是继柏拉图、亚里士多德以来最有影响的西方哲学家之一。他以深邃的哲学思维把西方的启蒙哲学提高到一个新的理论高度，他还深刻地论证了作为现代性的基本原则的理性和自由，为现代人与社会提供了弥足珍贵的哲学理念。他对哲学问题的广泛考虑与洞见，成为人类宝贵的思想资源，对后来的哲学与文化产生了深远的影响，经久不衰。

康德出生于德国东普鲁士的哥尼斯堡一个贫苦的皮匠家庭，父母老实本分，是虔诚的虔敬派（路德派的一个分支）教徒，他们追求寡欲与恬静心境的宗教精神，这对康德的人格与道德情怀有着不可磨灭的影响，尤其是母亲的教诲，使康德难以忘怀。康德认为自己身上最初的优良品质，就是来自母亲的培育，并且她还用来自大自然的观念，启发了康德幼年的心智，唤醒并扩展了他的智力。

就世俗的生活来说，康德一辈子过着单调刻板的学者生活。他终身未娶，生活极有规律，并始终生活在哥尼斯堡，出行最远的地方离哥尼斯堡仅90公里。

8岁时他进入哥尼斯堡的一个虔敬派学校念书，学习神学与拉丁文典籍。他成绩优异，几乎每学年考试都名列第一，但学校当时严格的纪律约束，使他难以选择朋友，更是缺少自由，因此这段早年的学习生活并没有给他留下美好的记忆。16岁时康德进入哥尼斯堡大学。虽然被录取为神学系的学生，但他却对物理学与数学更感兴趣。在1746年父亲去世之后，康德被迫中断学业，在一些家庭担任私人教师以谋生，直到1755年才依靠朋友的帮助恢复了学习，并获得博士学位。然后，他作为没有正式薪俸的讲师，开始了在哥尼斯堡大学里的教学生涯，先是讲授物理学与数学，后来扩展到许多其他科目，包括逻辑学、形而上学与伦理学等。1770年，康德成为逻辑与形而上学的教授，并以此教职终其一生。

康德生活中的每一项活动，如起床、喝咖啡、写作、讲学、进餐、散步，时间几乎从未有过变化，就像机器那么准确。每天下午3点半，工作了一天的康德先生便会踱出家门，开始他那著名的散步，邻居们纷纷以此来校对时间，而教堂的钟声也同时响起。唯一的一次例外是，当他读到法国浪漫主义作家卢梭的名著《爱弥尔》时，深为所动，为了能一口气看完它，不得不放弃每天例行的散步。这使得他的邻居们竟一时搞不清是否该以教堂的钟声来对自己的表。

就康德的哲学思想而言，一般以1770年他提出教授就职论文为界，划分为"前批判时期"与"批判时期"。在"前批判时期"，他起先主要从事自然科学方面的研究，尤以在《自然通史和天体理论》（1755）中提出的太阳系起源于星云说而闻名。这一时期他在哲学上深受德国流行的莱布尼茨-沃尔夫的理性主义形而上学的影响，后来因得益于休谟对因果律的必然性的质疑，才从独断论的迷梦中醒悟过来。在18世纪70年代进入"批判时期"之后，他留下了著名的"三大批判"：《纯粹理性批判》（1781）、《实践理性批判》（1788）和《判断力批判》（1790）。对人的心灵而言，它们分别应对于"知"、"意"、"情"三个部分；对于哲学而言，则分别对应于"真"、"善"、"美"三大领域。因此可以说，"三大批判"基本上构成

了康德的哲学体系。不过，康德也曾经把哲学归属于这么三个问题：1.我能够知道什么？2.我应当做什么？3.我可以希望什么？ 它们分别由认识论、道德哲学与道德神学来回答。这一分发显示出"道德神学"在康德哲学体系中的分量，它以《单纯理性限度内的宗教》（1793）为代表。此外，康德的哲学思考还覆盖了政治、历史、法学等领域，留下了一些政治哲学与历史哲学的论著，如《什么是启蒙?》、《论永久和平》等。在晚年，康德还提出了"人是什么"的问题，作为他的哲学思考的最高概括，并认为上面三个问题都与此有关，都可以被归结为"人类学"的问题。据此我们可以说，对"人"这一永恒主题的理解，构成了康德的哲学批判与思考的最高目标。

《纯粹理性批判》

1781年，康德发表了《纯粹理性批判》这部哲学名著。恰如康德枯燥乏味的生活一样，这本洋洋数十万言的大作非常晦涩难懂。一个读者对康德抱怨说："读你的书十个指头都不够用，因为你写的句子太长了，我用一个手指按住一个从句，十个指头用完了，一句话还没有读完！"但是艰深的语句掩不住思想的光辉，康德哲学真的像他自己所说的那样成了哲学领域内"哥白尼式的革命"。

在导言中，康德提出了全书的总纲：纯粹理性的总任务是要解决"先天的综合判断"，即具有普遍性和必然性而又扩展了知识内容的严正科学知识是"如何可能"的问题，并按这总问题细分了以下的四个问题：1.数学如何可能？2.自然科学如何可能？3.形而上学作为自然的倾向如何可能？4.形而上学作为科学如何可能？

在《纯粹理性批判》一书中，康德对传统的认识论进行了批判与改造，系统地提出了他的"先验哲学"，这就是在哲学史上有名的"哥白尼式的革命"。这一"革命"的实质，在于转换了认识的参照系，即一种认识的客观、必然与否，不在于认识是否符合对象，而在于我们有关对象的认识是否遵循了我们在纯粹知性概念（范畴）中所具有的内在、先天的思维法则。这就涉及到认识者先天所具有的认识能力及其本有的逻辑工具问题。因此，为论证这种先验哲学与认识论，康德从人的认识能力入手，对"纯粹理性"进行批判。

我们可以把康德在《纯粹理性批判》的《纯粹理性的建筑术》一节中所详细发挥的形而上学的理念，或他所规划的哲学的体系及其构成列表如下：

《实践理性批判》

《纯粹理性批判》是研究人类如何认识外部世界的问题，而康德1788年发表的《实践理性批判》回答的是伦理学问题：我们应该怎么做？简单地解释，康德告诉人类：我们尽自己的义务。但是，什么叫做"尽义务"？为了回答这个问题，康德提出了著名的"绝对命令"："无论做什么，都应该使你的意志所遵循的准则同时能够成为一条普遍的法律。"康德认为，人在道德上是自主的，人的行为虽然受客观限制，但人之所以为人，就在于人在道德方面具有自由能力，能超越因果，有能力为自己的行为负责。

伦理学方面，康德否定意志受外因支配的说法，而是认为意志为自己立法，人类辨别是非的能力是与生俱来的，而不是从后天获得。这套自然法则是无上命令，适用于所有情况，是普遍性的道德准则。康德认为真正的道德行为是纯粹基于义务而做的行为，而为实现某一个个人功利目的而做事情就不能被认为是道德的行为。因此康德认为，一个行为是否符合道

德规范并不取决于行为的后果，而是采取该行为的动机。康德还认为，只有当我们遵守道德法则时，我们才是自由的，因为我们遵守的是我们自己制定的道德准则，而如果只是因为自己想做而做，则没有自由可言，因为你就成为各种事物的奴隶。

《判断力批判》

1790年出版《判断力批判》，1792年出版《仅论理性界限内的宗教》。这两本书的出版标志着康德的思想进入宗教领域。《判断力批判》要回答的问题是：我们可以抱有什么希望？康德给出的答案是：如果真能做到有道德的话，就必须假设有上帝的存在，假设生命的结束并不是一切的终了。

康德将现象界和本体界加以调和的最终结果，是肯定了人在现象和本体两个领域所共同具有并感受到的自由。通过在审美的心理经验和目的论的物理经验中所找到的现象依据，康德表明在所有一切超验的理念中，唯有自由的理念是一个"事实"，可以在实际行动中和经验中得到证实。但由于这种事实终归只是通过反思、类比、暗示和象征等等而呈现在人的主观想象和情感中，所以这种过渡毕竟不是真实的过渡，人的本质究竟是什么，在他那里仍然还是一个谜。在《判断力批判》中，康德最关心的问题还有人类精神活动的目的、意义和作用方式，包括人的美学鉴赏能力和幻想能力。

有两种东西，我们愈是时常反复地思索，它们就愈是给人的心灵灌注了时时翻新，有加无已的赞叹和敬畏：头上的星空和心中的道德法则。

——康德墓碑铭文

百科全书式的哲学家——黑格尔

1770年8月27日，格奥尔格·威廉·弗里德里希·黑格尔出生在德国西南部的斯图加特市。他的父亲是税务局书记，他的家庭是一个虔诚、勤奋、严格的家庭，经济状况属于社会的第三等级，即中等水平。1780年起他就读于本城文科中学，接受古典和启蒙教育。1788年10月黑格尔到图宾根神学院学习哲学和神学。在学院里，黑格尔同荷尔德林、谢林结识。大学毕业后，他没有选择牧师的职务。1793—1796年，在瑞士伯尔尼一个贵族家里担任家庭教师。1797年末至1800年，黑格尔到法兰克福任家庭教师。

1801年1月黑格尔在继承父亲的一部分遗产之后，来到了当时德国哲学和文学的中心耶拿，开始了他一生中具有决定意义的一个阶段。他与谢林一起开课，又合办《哲学评论》。直到《精神现象学》出版之前，两人一直合作，保持着良好的友谊。1801年黑格尔通过了学位论文和讲课资格的答辩，1805年获得副教授职。1804年黑格尔成为耶拿矿物学会鉴定员和威斯特法伦自然研究会正式会员。1807年成为海德堡物理学会名誉会员。1807年3月黑格尔迁居班堡，任《班堡报》的编辑。由于他的报纸同情拿破仑，一再与慕尼黑官方发生纠葛，一年后他辞去这个职务。1808年12月黑格尔转到纽伦堡任中学校长。1816年黑格尔到海德堡任哲学教授。1818年普鲁士国王任命黑格尔为柏林大学教授。1822年，黑格尔被任命为大学

评议会委员。1826年《福斯报》发表庆祝黑格尔生日的报道，受到普鲁士国王的警告。1829年10月黑格尔被选为柏林大学校长并兼任政府代表。1831年黑格尔被授予三级红鹰勋章，同年夏他的《论英国改革法案》一文发表，因普鲁士国王下令中止，文章只发表了前半部分。1831年11月14日黑格尔病逝于柏林。

黑格尔哲学是19世纪德国资产阶级的世界观体系。它集德国古典哲学之大成，具有百科全书式的丰富性，居于整个资产阶级哲学的高峰。它不仅反映了当时德国资产阶级的革命性与软弱性，也在一定程度上反映了当时整个西方资产阶级的特点。在黑格尔哲学中，表现了丰富的辩证法内容与保守体系的深刻矛盾。

黑格尔把绝对精神看做世界的本原。绝对精神并不是超越于世界之上的东西，自然、人类社会和人的精神现象都是它在不同发展阶段上的表现形式。因此，事物的更替、发展、永恒的生命过程，就是绝对精神本身。黑格尔哲学的任务和目的，就是要展示通过自然、社会和思维体现出来的绝对精神，揭示它的发展过程及其规律性，实际上是在探讨思维与存在的辩证关系，在唯心主义基础上揭示二者的辩证统一。

围绕这个基本命题，黑格尔建立起令人叹为观止的客观唯心主义体系，主要讲述绝对精神自我发展的三个阶段：逻辑学、自然哲学、精神哲学。黑格尔在论述每一个概念、事物和整个体系的发展中自始至终都贯彻了这种辩证法的原则，这是人类思想史上最惊人的大胆思考之一。恩格斯后来给其以高度的评价："近代德国哲学在黑格尔的体系中达到了顶峰，在这个体系中，黑格尔第一次——这是他的巨大功绩——把整个自然的、历史的和精神的世界描写为处于不断运动、变化、转化和发展中，并企图揭示这种运动和发展的内在联系。"

作为统一的黑格尔哲学体系由三大部分构成：1.精神现象学，说明人是如何认识绝对精神的。2. 逻辑学，说明绝对精神是如何运动的。3. 应用逻辑学，它又包括两个部分：（1）自然哲学，说明绝对精神如何被异化为自然的运动。（2）精神哲学，说明绝对精神是如何在人类社会和精神领域中运动的。

《精神现象学》试图论述认识发生的历史条件，同时，黑格尔还想以此作为他的整个哲学体系的导言。经历了不同的发展阶段之后，我们会获得"绝对之知"，《精神现象学》就此终结。黑格尔本身具有绝对之知；这种知识使他能够通过一种为先前各种意识形态所不能的方式回顾它已走过的历程，从而揭示这一发展过程的基础——逻辑学。

逻辑学是黑格尔哲学体系的一部分，也是最重要的一部分，黑格尔把逻辑学看作是自然哲学和精神哲学的核心和灵魂，按照黑格尔的说法，自然与精神是由逻辑支配的，是从属逻辑的。黑格尔哲学以理性著称，不知道是不是因为他是这样一个以逻辑至上的人，一切都是在逻辑中派生，就像某些法学家认为法律主导自然和精神一样。他不是从自然界和人类社会中抽引事物发展规律来发展逻辑学，而是从逻辑学中派生出自然界和人类社会历史。

哲学思想

黑格尔，这位德国古典唯心主义的集大成者，被誉为是最具玄奥灵动的思考力的哲学家。他建立了历史上最庞大、最全面的哲学体系。他是德国古典哲学的代表之一，哲学发展史上第一个系统地阐述唯心主义辩证法的哲学家。恩格斯曾经这样高度评价黑格尔："和18世纪的法国哲学一起并继它之后，近代德国哲学产生了，而且在黑格尔身上达到了顶峰。它的最大的功绩，就是恢复了辩证法这一最高的思维形式。"

在哲学史上，他创造了正反合辩逻辑定律，在西方哲学界享有较高的声望。他批判了康德的不可知论。他认为，"物自体"不可知，但他同时又指出"物自体"也是思维，是可知的。因为这种思维不是人的主观思维概念，而是人类社会以前已存在的纯粹精神性的"绝对理论"。"绝对理念"先在纯思维的抽象状态中，按照辩证法的逻辑，自己发展自己，这是逻辑阶段。等到发展完毕后，再把自己"异化"为自然界，进入自然阶段；到了人类社会，"绝对理念"摆脱自然物质的束缚，得重新回到与自身相适应的精神阶段。《易经》的变化原理与黑格尔的哲学观点完全相通。黑格尔的哲学一直影响很大，成就很高。

伦理思想

黑格尔集以往西方伦理思想之大成，特别是继承和发展了康德的伦理思想，建立了一个完整的理性主义伦理思想体系。黑格尔关于伦理的学说就是他的法哲学，其中包括抽象法、道德、伦理3个部分，中心是揭示自由理念的辩证发展过程。从哲学上看，黑格尔伦理思想的形式是唯心的，但其内容是现实的，方法是辩证的，它的成就对后世伦理思想包括马克思主义伦理思想的形成和发展有着重要影响。

美学思想

黑格尔的美学思想主要反映在他的《美学讲演录》一书中，这是他整个哲学体系的一个组成部分，也是他的哲学体系在美学和艺术领域中的具体表现。艺术的根本特点，是理念通过感性的形象来显现自己，认识自己，"美是理念的感性显现"成为黑格尔美学思想的核心。黑格尔分别对艺术的性质和特征，艺术发展的历史类型和各门艺术的体系，进行既是逻辑的又是历史的分析。逻辑方面，他建立了一个庞大的有关艺术的唯心主义哲学体系；历史方面，他开创了艺术社会学的研究，展示了宏伟的历史观。黑格尔的美学思想在西方美学史的发展过程中，起了划时代的作用，成为古典美学的集大成者。

空想社会主义"乌托邦"的创立

空想社会主义亦称"乌托邦社会主义",是一种缺乏科学论证和带有空想性质的社会主义思想体系。在资本主义生产方式尚不发达,资产阶级和无产阶级间的对立已经暴露但尚不充分的历史条件下产生。它同现代无产阶级先驱对资本主义剥削和压迫的自发反抗相适应,代表了当时无产者群众的利益以及要求,对启发和提高工人觉悟起了重要的作用。深刻揭露了资本主义的罪恶,对未来的理想社会提出许多美妙的天才设想。他们企图建立"人人平等,个个幸福"的新社会。

但是空想社会主义只是一种不成熟的理论,反映了正在成长中的无产阶级最初的、还不明确的愿望。他们不能揭示资本主义的根本矛盾和发展规律,不懂得阶级斗争,不认识无产阶级的历史使命,所以他们的社会主义只能是一种无法实现的空想。

从16世纪到1848年科学社会主义诞生的三百多年中,它经历了早、中、晚三个发展时期。3个阶段的社会和历史条件各不相同,无产阶级的发展水平也不同。

16—17世纪,这个时期资本主义处于原始积累时期,无产阶级尚未形成一个独立的阶级,这时空想社会主义的特点是:对未来的理想社会主义制度只是一种文学描述;提出了"实行公有制"、"人人劳动、按需分配"等社会主义(或共产主义)基本原则,但对社会主义的设想还只是一个粗糙而简单的轮廓。在设计未来理想社会方案时以手工工场为原型。这时期的空想社会主义者以莫尔、闵采尔为代表。

18世纪，这一时期对未来社会主义和共产主义制度的认识从文字描述进入理论探讨和论证阶段，并用"法典"形式作出明确规定；对私有制，尤其是对资本主义私有制进行了批判，认为私有制引起经济上的不平等、进而导致政治上的不平等；有了初步的阶级观点，主张实行绝对平均主义的、苦修苦炼的、斯巴达式的共产主义；在设计未来理想社会时，以农村公社和手工工场为原型，主张在封建制度崩溃后，在农村公社和手工工场的基础上建立社会主义；赞同君主制、终身制、家长制等。这时期的空想社会主义者以摩莱里、巴贝夫为代表。

19世纪，空想社会主义发展的顶峰。这时，由英国开始的工业革命在欧洲大陆迅速发展，资本主义制度的弊端日益暴露，这一时期空想社会主义的特点是：批判矛头直接对准资本主义制度；对资本主义的社会制度、政治制度和道德观念进行了批判，并得出一些接近历史实际的结论；理论上，提出政治制度的基础是经济状况，指出私有制产生阶级和阶级剥削；设计未来理想社会主义制度时以大工厂为原型，完全抛弃了平均主义和禁欲主义，使社会主义成为一种具有高度物质文明和精神文明的社会形态。这时期的空想社会主义者以圣西门、傅立叶和欧文为代表。

圣 西 门

圣西门（1760—1825），法国哲学家，经济学家，空想社会主义者。1760年10月17日生于巴黎一贵族家庭。早年受启蒙运动影响，曾参加北美人民反对英国殖民统治的独立战争，1781年在约克镇任炮兵上尉。1803年发表《一个日内瓦居民给当代人的信》，主张应由科学家代替牧师的社

会地位。圣西门拥护法国大革命，主动放弃伯爵爵位。为研究和宣传社会主义学说，倾注了毕生精力。1805年圣西门开始著书立说。他虽然常把人类历史的发展看做先验的人类理性的发展，但又认为社会变革是从低级到高级发展的。现存制度只是从封建制度转向理想制度的一个过渡阶段，并初步意识到经济状况是政治制度的基础。圣西门承认历史的发展是有规律的，在发展的总过程中，每一次新旧社会制度更替，都是历史的进步。

圣西门认为法国革命不仅是贵族和市民等级之间的斗争，而且是贵族、市民等级和无产者之间的斗争，这在1802年是极为天才的发现。他指出这次革命只产生了新的奴役形式，即"新封建制度"。他预言，旧的社会制度必将为理想的实业制度所代替。圣西门设想的未来的理想制度是一种"实业制度"。在实业制度下，由实业者和学者掌握社会政治、经济、文化各方面的权力；社会的唯一目的应当是尽善尽美地运用科学、艺术和手工业的知识来满足人们的需要，特别是满足人数最多的最贫穷阶级的物质生活和精神生活的需要；人人都要劳动，经济按计划发展，个人收入应同他的才能和贡献成正比，不承认任何特权。在理想社会中，政治学将成为生产的科学，政治将为经济所包容，对人的统治将变成对物的管理和对生产过程的领导。由于历史的局限性，圣西门把从事产业活动的资产者看成是和工农一样的劳动者或"实业者"。并寄希望于统治阶级的理性和善心，幻想国王和资产者会帮助无产阶级建立实业制度。这就使得他的社会主义学说不能不流于空想。

1825年5月19日圣西门逝世于巴黎。主要论著还有《寓言》(1819)、《新基督教》（1825)、《论实业制度》（1820—1821）、《实业家问答》(1823—1824) 等。

傅立叶

傅立叶(1772—1837)，法国哲学家、经济学家、空想社会主义者。1772年4月7日诞生于法国东部贝桑松的一个富商家庭。后来因破产而陷于困境。他先后在里昂和巴黎做商店雇员和推销员以及交易所经纪人谋生。这对他了解到商人的诡诈和投机，认识资本主义的生产无政府状态、体会到城乡的对立和劳动者的无权大有帮助。他通过刻苦自学，积累了丰富的自然科学与社会科学知识，他先后发表揭露与抨击资本主义制度的作品，主要有《四种运动》《文明制度的批判》和《新的工业世界和社会事业》等。1803年，傅立叶发表《全世界和谐》一文，揭露了资本主义制度的罪恶，称资本主义社会是"罪恶的渊薮"，"颠倒世界"，主张以他设计的"和谐制度"来代替资本主义制度。他理想的"和谐社会"，是由一个个有组织的合作社组成，它的名称叫"法朗吉"，在这个组织里，人人平等，共同劳动，共同享受劳动成果，接受免费教育。怎样实现这个理想社会呢？傅立叶不主张使用暴力，他居然相信资本家或权贵人物会帮助实现他的改良计划，为此，他刊登广告，说他每天中午12点到下午1点在家接见答应出资创办"法朗吉"的富翁，他等了几年，可是没有一个富翁来问津。1832年，他和几个门徒一起创办了一个"法朗吉"。可是不久就证明了他的理想行不通。后来在他去世后，他的门徒创办《法伦斯泰尔》杂志、《法朗吉》报，并在美国建立40个"法朗吉"，均告失败。傅立叶的改造社会的计划虽然失败，但他的空想社会主义学说和圣西门、欧文的空想社会主义学说一起，为马克思的科学共产主义学说的诞生，提供了宝贵的思想资料，成为马克思主义的三个来源之一。

傅立叶最了不起的地方表现在他对社会历史的看法上。他认为，迄今

为止人类社会的发展经历了蒙昧、宗法、野蛮和文明四种制度，它们都是情欲斥力占统治地位的强制社会，都经历了盛衰过程。最后一个阶段就相当于现在所谓的资产阶级社会，他指出："这种文明制度使得野蛮时代每一以简单方式犯下的罪恶，都采取了复杂的、暧昧的、两面的、虚伪的存在形式"。资产阶级视为永恒的文明制度也不过是社会发展的一个阶段。这种制度是万恶之源，是人人互相反对的战争，是贫富分化的极端，商业欺诈的乐园，道德败坏的温床。

他主张消灭文明制度，建立和谐制度。在和谐制度中，人民按性格组成协作社即"法朗吉"，人人可按兴趣爱好从事工作，而且可以随时变换工作。法郎吉的产品按劳动、资本和才能分配，人人都可入股成为资本家从而消灭阶级对立。协作制度将把教育与生产劳动结合起来，妇女将获得完全解放，城乡差别和对立也将消失。但傅立叶不主张实行社会革命而只是期待富人慷慨解囊。

傅立叶熟练地掌握辩证法。他反对关于人类无限完善化的能力的空谈，而同样辩证地断言，每个历史阶段都有它的上升时期，但是也有它的下降时期，他把这个看法运用于整个人类的未来，将人类将来要归于灭亡的思想引入了历史研究。

欧　文

欧文(1771—1858)，英国空想社会主义者，也是一位企业家、慈善家。生于威尔士蒙特利尔一个手工业家庭，10岁辍学当学徒，19岁成为曼彻斯特一家纱厂的经理。他在自己的工厂中主动缩短工人的劳动时间，改善福利条件，提高工资。欧文的最重要的著作是关于婚姻和共产主义制度的《新道德世界的婚姻制度》《新道德世界书》和《人类头脑和实践中的革命》。欧文的《新道德世界书》表达了最明确的共产主义，这本书不仅主张实行有平等的劳动义务和平等的取得产品的权利，而且还提出了为未来共产主义公社所作的带有平面图、正面图和鸟瞰图的详尽的房屋设计。

1823年，他以全部财产在美国印第安纳州建立了一所"新和谐公社"，进行共产主义"劳动公社"的实验。欧文带领全体公社成员共同劳动，共享劳动成果。"新和谐公社"所有成员各司其职，各尽所能，"和谐"相处。"新和谐公社"的建立，引起了全世界注意，甚至连当时著名的科学家如美国费城科学院院长威廉·麦克留尔、经济学家和博物学家约西亚·华伦等人也纷纷前来，热情参加和谐公社的建设。

但是，"新和谐公社"并不是与世隔绝的。它处在整个资本主义的重重包围之中。而且，来参加公社的人形形色色，抱有各种目的，有着各种想法，所以，社员之间不久就产生了各种矛盾，变得不像预想的那么"和谐"了。另外，欧文的建设理论也有致命的弱点，按照欧文的理论，公社成员的活动目的只要满足本社成员的需要就可以了，所以导致公社产品成品短缺，造成生产少，消费多的矛盾。因成员觉悟水平不一，导致脑力劳动者日趋增多，而体力劳动者日渐减少。4年以后，"新和谐公社"终于宣告了破产。

"新和谐公社"虽然失败了，但是，以欧文为代表的空想家们，毕竟在资本主义统治下对人人平等的理想社会进行了一次有意义的尝试。这种尝试及其思想，为后来马克思主义的产生起到了重要作用。

思想史上的革命——马克思主义的诞生

　　马克思主义是人类优秀文化成果，是19世纪欧洲重大社会科学成果和工人运动相结合的产物，在19世纪40年代产生于西欧。当时，资本主义在许多西方国家经历了简单协作和工场手工业发展阶段之后，进入了高度发展的机器大工业时代。英、法、德三国是其发源地。因为当时英、法、德等国已经或正在实现产业革命，生产力和科学技术达到前所未有的水平。马克思主义吸收和改造了人类思想文化的一切优秀成果，特别是18世纪中叶和19世纪上半叶的社会科学和自然科学的成果。1848年2月出版的《共产党宣言》中，第一次对无产阶级的思想体系做了系统的表述，这标志着马克思主义的诞生。

　　卡尔·海因里希·马克思(1818—1883)：马克思主义的创始人，第一国际的组织者和领导者，全世界无产阶级和劳动人民的伟大导师。　818年5月5日，马克思诞生于德国莱茵省特利尔城的一个犹太人家庭。马克思从小勤奋好学，善于独立思考。中学时代，他受到法国启蒙思想的影响，萌生了为人类谋幸福的崇高理想。1835年10月，他进波恩大学攻读法学，一年后转入柏林大学法律系。在大学期间，他研究法学、历史、哲学和艺术理论。从1837年起，马克思开始认真钻研黑格尔哲学。1841年获哲学博士学位。

　　1842年初，他写了第一篇政论文章《评普鲁士的书报检查令》，通过对书报检查制度的批判，揭露整个普鲁士国家制度的反动本质。同年5月，他开始为自由主义反对派创办的《莱茵报》撰稿，10月担任了该报的主编。在马克思的影响下，这份报纸越来越鲜明地倾向于革命民主主义。1843年4月1日《莱茵报》被反动当局查封。

1843年秋，马克思迁居巴黎，积极参加法国工人的集会，同法国工人运动的领袖和正义者同盟的领导成员建立了密切联系，还结识了流亡在法国的各国革命家。巴黎的斗争生活促进了他向科学共产主义的转变。

在巴黎期间，马克思钻研了资产阶级经济学家特别是英国古典经济学家亚当·斯密和大卫·李嘉图的劳动价值论，圣西门、傅立叶、欧文等人的空想社会主义学说和空想共产主义者的思想。

1845年2月马克思到了布鲁塞尔。他写了《关于费尔巴哈的提纲》，批判费尔巴哈唯物主义的局限性，指出实践是检验人的思维的真理性的标准。接着，他又同恩格斯合写了《德意志意识形态》。这部著作第一次系统地阐明了唯物主义历史观。唯物史观是恩格斯肯定的马克思的两个伟大发现之一。

1847年11月，马克思亲自出席了共产主义者同盟第二次代表大会，并与恩格斯共同起草同盟的纲领。这就是1848年2月正式发表的科学共产主义的纲领性文件《共产党宣言》。

1867年9月14日他发表了《资本论》第一卷。第二、第三卷在他逝世后由恩格斯整理，分别在1885年和1894年出版。《资本论》具有划时代意义。它论述了资本主义社会的经济运动的规律，揭露了资本主义的内在矛盾，揭示了资本家对工人剥削的秘密在于占有工人的剩余价值，科学地论证了资本主义必然灭亡社会主义必然胜利，从而把他的社会主义学说置于牢固的科学基础上。它成了无产阶级反对资本主义的最锐利的理论武器。

反动政府的迫害，贫困的生活，繁重的工作和紧张的战斗，严重损害

了马克思的健康。他晚年常被病痛折磨。1883年3月14日，马克思的一颗伟大的心停止了跳动。

恩格斯生平

弗里德里希·恩格斯（1820—1895）：德国社会主义理论家及作家，哲学家，马克思主义的创始人之一，马克思的亲密战友，国际无产阶级运动的领袖。1820年11月28日出生于德国莱茵省巴门市（今乌培塔尔市）一个纺织厂主家庭。中学未毕业，就被迫经商。1841年去柏林服兵役，在此期间经常到柏林大学听课，参加了青年黑格尔派小组，写了《谢林和启示》等著作，对谢林的神秘主义观点进行了批判。1842年9月服役期满后到英国曼彻斯特工作。在这里，经常到工厂和工人住宅区去调查研究工人阶级的状况，同英国宪章运动的活动家来往，同时为《莱茵报》和其他报刊撰稿。1844年2月在《德法年鉴》上发表《政治经济学批判大纲》，从社会主义观点出发，对资本主义经济制度进行批判。这时，他已由革命民主主义转向共产主义，由唯心主义转向唯物主义。

1844年8月底，恩格斯途经巴黎时会见了马克思，此后两人并肩战斗终身。1847年同马克思一起加入共产主义者同盟，为该同盟先后起草了《共产主义信条》和《共产主义原理》两个纲领草案。同盟第二次代表大会后，马克思和恩格斯受大会委托，于1847年12月至1848年1月合写了科学共产主义的纲领性文献《共产党宣言》，这一宣言成为世界各国无产阶级运动的指南。

1848年，德国革命爆发后，恩格斯同马克思一起从法国回到德国，创办《新莱茵报》，把无产阶级群众团结在周围，进行了大量的革命工作。1849年5—7月，亲自参加了德国人民武装起义。为了从经济上帮助马克思，1850年11月重返曼彻斯特，从事商业活动，直到1870年移居伦敦。在这20年间，同马克思几乎天天通信，商讨各种政治问题以及自然科学和社会科学中的各种问题。

1876—1878年，恩格斯写了《反杜林论》一书，对杜林的观点进行了全面的批判，第一次系统地论述了马克思主义的三个组成部分。从19世纪70年代初至1883年，致力于研究自然科学中的哲学问题，并作了许多札记，对当时自然科学的最重要成就作了辩证唯物主义的概括，逝世后这些札记被辑录成《自然辩证法》一书。

1883年3月马克思逝世后，恩格斯担负了整理和发表马克思的文献遗产和继续领导国际工人运动的重任，并写了许多重要著作。1884年写了《家庭、私有制和国家的起源》，阐明了阶级产生的过程、国家的起源和实质。1888年写了《路德维希·费尔巴哈和德国古典哲学的终结》，揭示了马克思主义同黑格尔哲学和费尔巴哈哲学的关系，详尽地阐释了辩证唯物主义和历史唯物主义的基本原理。1889年亲自参加了第二国际的建立，并指导它的活动，同其中形形色色的机会主义者进行了坚决的斗争。1891年公开发表了马克思的《哥达纲领批判》，给机会主义以沉重打击。1895年8月5日在伦敦病逝。

三个主要理论来源

马克思主义是人类优秀文化遗产的产物。它主要是批判地继承德国古典哲学、英国古典政治经济学和法国空想社会主义而创立的崭新的无产阶级思想的科学体系。

德国古典哲学产生于18世纪末至19世纪初。德国古典哲学也为资产阶级革命做了准备。德国古典哲学的产生和发展，反映了当时德国资产阶

级既要求革命，又害怕革命，企图和封建势力妥协的特性。德国古典哲学是以对中世纪长期占统治地位的形而上学思维方法进行革命为开端的。这个革命是由康德开始的，他在神学的、形而上学的僵化自然观上打开了第一个缺口。康德哲学的主要特点是企图调和唯心主义和唯物主义，为宗教信仰留下了空间。德国古典哲学自康德之后，中间经过费希特、谢林，他们发展了康德哲学的唯心主义方面，到黑格尔达到了它发展的顶峰，黑格尔建立了他的庞大的客观唯心主义体系。但是，黑格尔哲学中存在着体系和方法的矛盾。费尔巴哈批判了黑格尔的唯心主义，在德国古典哲学中重新恢复了唯物主义的权威，但它同时也抛弃了黑格尔的辩证法。德国古典哲学的主要成就是辩证法。乔治·威廉·费里德里希·黑格尔（1770—1831）把精神、自然界和历史看做绝对精神发展的三个阶段。这三个阶段是绝对精神在自己的发展中外化为自然，又返回自身的否定之否定的过程，又是绝对精神认识自己的过程。黑格尔在对于发展的阐述中，提出了辩证发展的规律，认为矛盾是普遍的，是一切发展的源泉和动力。黑格尔还把人类社会理解为由于矛盾的作用，由低级阶段到高级阶段的发展过程，并试图对自然界和人类历史之间的联系、社会本身各个领域之间的联系在其必然性中加以理解。路德维希·费尔巴哈（1804—1872）坚定地认为世界是物质的，自然界不依赖于人的意识而独立存在，人与自然是统一的，坚持了唯物主义。与黑格尔和宗教把观念、思维和神描述为唯一的实在和动力相反，费尔巴哈把观念、思维和神还原为它们的现实根源，还原为人和自然界。费尔巴哈还尖锐地抨击了宗教所宣扬的上帝，认为人们所幻想的上帝，实际上就是人类自己的特性，上帝的本质是人的本质的异化，揭示了宗教产生的认识论根源，却没有看到宗教产生的社会根源，他的历史观是唯心主义的。

英国古典经济学产生于17世纪下半叶英国资产阶级革命时期，完成于英国产业革命后的19世纪初叶。它是英国资本主义社会上升时期的产物，代表着新兴资产阶级的利益与要求，具有一定的进步作用。它适应新兴资产阶级发展资本主义的需要，论证了资本主义对封建主义的优越性，反对封建特权和重商主义的国家干预经济生活的主张，提倡经济的自由。它探讨了资本主义制度下财富的生产、交换和分配的规律，在一定程度上看到了资本主义生产的内部联系，具有一定的科学性。英国古典经济学的最重要的贡献是奠定了劳动价值论的基础。亚当·斯密（1723—1790）是资产阶级古典经济学理论体系的建立者。代表作是《国民财富的性质和原因研究》。他提出了劳动决定价值的理论，认为劳动是财富的源泉，是衡量一切商品交换价值的真正尺度。但他并不了解生产商品的劳动的性质，因而又认为在资本主义生产方式下价值由工资、利润和地租三种收入构成，导致他背离劳动价值论而转到庸俗的收入价值论上去。大卫·李嘉图（1772—1823）于1817年发表了《政治经济学及赋税原理》，这部著作成为英国古典经济学完成的标志。他坚持和发展了价值决定于生产中所耗费的劳动的原理，认为商品价值由耗费掉的劳动决定，而价值大小则与这种劳动量成正比，进而还指出价值不是由生产某种商品实际耗费掉的劳动决定，而是由社会必要劳动量决定。他还分析了资本主义社会阶级对立关系在分配领域的表现，认为工资和利润成反比，从而揭示了资本家和工人的对立。但他也不了解劳动的两重性，没有解决什么劳动创造价值这一根本问题。

法国的空想社会主义产生于19世纪初期，出现了三位伟大的空想社会主义者，即法国的圣西门（1760—1825）、傅立叶（1772—1837）和英国的欧文（1771—1858）。空想社会主义是一种不成熟的早期无产者运动的理论表现，虽然预示了不少已被科学证实的真理，但并没有代表已经历史地产生的无产阶级的利益。他们的历史进步意义在于：对资本主义社会作了无情的揭露与批判，主张消灭雇佣劳动制与私人占有制度，把批判的矛

头对准了资本主义生产方式本身；第一次把社会主义作为新的生产关系提出来，对未来社会做了详细的设想，如论证了社会主义制度下的生产组织和劳动率将大大超过资本主义，主张消灭城乡、体脑的对立，实现教育与劳动相结合，预言到了共产主义，国家将成为生产管理机关，对人的政治管理将变成对物的管理和对生产过程的领导。空想社会主义的贡献在于为科学社会主义的产生提供了可贵的思想材料。但是，由于他们处于资本主义生产方式以及资产阶级和无产阶级的对立还很不发达的时候，不理解资本主义的发展规律和无产阶级的伟大历史作用，只幻想通过宣传、感化资产阶级和示范、试验来实现社会主义，因而具有十分虚幻和空想的性质。

三个主要组成部分

马克思主义主要包括马克思主义哲学、马克思主义政治经济学和科学社会主义三个组成部分。这三个组成部分不是彼此割裂的，它们构成一个相互联系的有机整体。这三个部分各有其特点：马克思主义哲学是无产阶级科学的世界观和方法论，政治经济学构成它的重要内容和无产阶级革命的理论依据，科学社会主义成为它的核心，即理论上的最后结论，是无产阶级革命的行动指南。但从根本上说，它们是从不同角度，对资本主义社会的生产方式、社会结构、阶级关系的概括和总结，因此具有内在的统一性。

马克思主义哲学

马克思主义哲学是辩证唯物主义和历史唯物主义的统称。马克思、恩格斯认为：世界的统一性在于它的物质性，物质是世界所发生的一切变化的基础。运动是物质的存在形式，物质的运动是绝对的，静止是相对的。物质不是精神的产物，精神只是运动着的物质的最高形式。社会存在决定人们的意识，人们能够认识并正确运用客观规律。辩证法的规律是从自然界和人类社会的历史中抽引出来的，实质上可以归结为以下三个规律：从量转化为质和质转化为量的规律；对立的相互渗透的规律；否定之否定规律。辩证法是关于一切运动最普遍的规律的科学。运动的根源在于矛盾。矛盾双方只存在于它们的相互依存和相互联系之中。人们要认识物质世界的运动规律，必须通过实践，人应该在实践中证明自己思维的真理性。人的认识能力是无限的，个别人的认识又是有限的，这个矛盾要在无穷无尽的、连绵不断的世代中解决。

马克思主义政治经济学

马克思、恩格斯运用辩证唯物主义和历史唯物主义，研究作为人类社会发展基础的各个时代的生产关系，尤其是着重研究资本主义社会的生产关系，创立无产阶级政治经济学。这是马克思主义理论最深刻、最详细的证明和运用。马克思对剩余价值、剩余价值率、绝对剩余价值、相对剩余价值、剩余价值的分解等等作出科学分析。马克思的剩余价值学说揭示资本家剥削的秘密，成为马克思经济理论的基石。马克思还分析了资本主义实现价值和剩余价值的深刻矛盾，论证了资本主义制度下生产社会性和生产资料的私人占有形式之间的矛盾。日益暴露和周期性经济危机的不可避免性。马克思阐明资本主义积累的一般规律，指出资本积累必然造成社会两极分化，无产阶级与资产阶级之间的对抗更为尖锐。生产资料的集中和劳动的社会化达到同资本主义私有制外壳不能相容的地步，从而资本主义不可避免地要让位于社会主义。

科学社会主义

唯物史观的发现，使了解人类社会发展的历史过程成为可能。剩余价值的发现，揭示了资本主义生产方式的性质及其运动规律。这为社会主义从空想变为科学奠定了理论基础。科学社会主义是马克思主义理论体系的

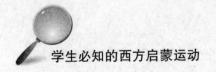
核心，它的任务是研究无产阶级解放事业的历史条件以及这一事业本身的性质。它是最直接又全面指导无产阶级和全人类解放斗争的行动科学。马克思、恩格斯认为：社会主义必然代替资本主义是社会生产力发展的要求和合乎规律的结果，推翻资本主义并实现社会主义是无产阶级的历史使命。反对资产阶级的阶级斗争和无产阶级革命是通往社会主义的必由之路。工人革命的第一步就是使无产阶级上升为统治阶级，争得民主。阶级斗争必然要导致无产阶级专政，这个专政是达到消灭一切阶级和进入无产阶级社会的过渡，无产阶级的共产主义社会按其成熟程度不同分为低级阶段和高级阶段：在低级阶段，各方面还存在旧社会的痕迹，实行的是等量劳动的交换；在高级阶段，随着个人的全面发展，生产力也增长起来，那时将实行各尽所能，按需分配，共产主义社会将是这样一个联合体，在那里每个人的自由发展是一切人自由发展的条件。

共产党在为实现自己纲领的斗争中要实行正确的战略，要使全世界无产者联合起来，要善于争取各种同盟者，善于同其他政党采取种种共同行动。

奢侈与华丽的象征——巴洛克艺术

巴洛克艺术是指16世纪后期开始在欧洲流行的一种艺术风格，不仅表现在建筑上，巴洛克艺术也代表整个艺术领域，它在绘画、雕塑、音乐、工艺美术等艺术门类也有鲜明的反映，是一种广义上的艺术风格。

巴洛克一词源于西班牙语及葡萄牙语的"变形的珍珠"。作为形容词，此字有"俗丽凌乱"之意。欧洲人最初用这个词指"缺乏古典主义均衡特性的作品"，它原是18世纪崇尚古典艺术的人们，对17世纪不同于文艺复兴风格的一个带贬义的称呼，现今这个词已失去了原有的贬抑，仅指17世纪风行于欧洲的一种艺术风格。

虽然"巴洛克"直指缺乏古典均衡性的艺术作品，但其实巴洛克艺术家与文艺复兴的前辈相同，都很重视设计和效果的整体统一性，巴洛克风格以强调"运动"与"转变"为特点，尤其是身体和情绪方面的，同时，巴洛克也是对矫饰主义的一种反动。

在欧洲文化史中，"巴洛克"惯指的时间是17世纪以及18世纪上半叶(约1600—1750)，但年份并不代表绝对的艺术风格，特别是建筑与音乐。这一时期，上接文艺复兴(1452—1600)，下接古典主义、浪漫主义。

欧洲文化"除旧布新"，在各方面都有重大的改变与成就。资产阶级兴起，君主政治渐独立于宗教之外（但民主思想萌芽）。科学在伽利略、牛顿等人的开创下展开。艺术上趋势是"世俗化"，精力充沛，勇于创新，

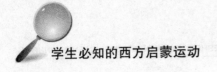

甚至好大喜功。文学上的名家如莎士比亚、塞万提斯；绘画上有鲁本斯、伦勃朗等，影响都极深远。也在这时期，欧洲向外扩张殖民，渐渐占据了世界文明的中心。巴洛克艺术最早产生于意大利，与反宗教改革有关，罗马是当时教会势力的中心，所以它在罗马兴起就不足为奇了。可以说巴格克艺术虽不是宗教发明的，但它是为教会服务，被宗教利用的，教会是它最强有力的支柱。概括地讲巴洛克艺术有如下的一些特点：

首先，它有豪华的特色，它既有宗教的特色又有享乐主义的色彩；

第二，它是一种激情的艺术，它打破理性的宁静和谐，具有浓郁的浪漫主义色彩，非常强调艺术家的丰富想象力；

第三，它极力强调运动，运动与变化可以说是巴洛克艺术的灵魂；

第四，它很关注作品的空间感和立体感；

第五，它的综合性，巴洛克艺术强调艺术形式的综合手段，例如：在建筑上重视建筑与雕刻、绘画的综合，此外巴洛克艺术也吸收了文学、戏剧、音乐等领域里的一些因素和想象；

第六，它有着浓重的宗教色彩，宗教题材在巴洛克艺术中占有主导的地位；

最后，大多数巴洛克的艺术家有远离生活和时代的倾向，如在一些天顶画中，人的形象变得微不足道，如同是一些花纹。当然一些积极的巴洛克艺术大师不在此例，如鲁本斯、贝尼尼的作品和生活仍然保持有密切的联系。

巴洛克是17世纪广为流传的一种艺术风格，这一时期的艺术告别了文艺复兴时期的庄重典雅，以其热情奔放、装饰华丽和追求激情而风靡欧洲，成为一个时代的标志。

在经历了文艺复兴的洗礼和宗教改革运动之后，在欧洲出现了新的国家和新的政权形式，基督教会分裂而产生了新教，随后发生的英国资产阶级革命，标志着人类社会逐渐进入近代。大多数艺术形式随着人文主义与宗教信仰的冲撞和交融，正式进入了一个被后人称为"巴洛克"的时代。

意大利巴洛克绘画

17世纪意大利巴洛克艺术风格突出地表现在建筑、雕塑和建筑装饰方面。然而，装饰在意大利宫廷内的天顶画所具有的巴洛克风格对欧洲各国也产生了较大的影响。彼得罗·达·科尔托那与安德烈·德尔·波左是巴洛克绘画中的主要代表，他们各自创作了较多的色彩艳丽的天顶画和壁画。从17世纪后叶起，欧洲各国的皇宫与大厅，由于受到巴洛克天顶画装饰风尚的激励，竞相效仿，这些绘画作品充满激情、动感，光彩夺目，浩繁富丽。

佛兰德斯巴洛克绘画

彼得·保罗·鲁本斯（Peter Paul Rubens，1577—1640）不仅是佛兰德斯最伟大的画家，而且可以代表17世纪的整个西欧绘画。

1577年6月28日鲁本斯出生于德国的茨根小城。9岁时随父母移居佛兰德斯，定居安特卫普。父亲去世后，母亲送他进一所拉丁文学校学习，他能阅读古希腊罗马书籍原著。14岁时被送到一位贵夫人府第当侍童，在那里不仅懂得了上流社会礼仪习俗，而且学会了为人处事，这对他后来的发展是有益的。

鲁本斯最初师从于风景画家维尔哈希特和多才多艺的画家阿达姆·凡·诺尔特，在他们的门下学习了4年时间，打下了坚实的绘画基础。不久又成为从罗马归来的维尼乌斯的弟子，使鲁本斯受益很大，这使年轻画

家对意大利，特别是罗马充满美好的向往。在他21岁时成为安特卫普画家公会的会员。两年之后实现了去意大利留学的梦想。

1600年，鲁本斯来到了意大利的威尼斯，他以极为虔诚的态度研究学习提香的色彩艺术和丁托雷托具有生动韵律的构图及明暗法。后来相继访问罗马、佛罗伦萨和热那亚等地，精心研究临摹古代艺术精品和文艺复兴盛期大师们的画迹。同时，卡拉瓦乔的现实主义绘画强有力的艺术效果也吸引了他，而最感兴趣的是正在兴起的意大利巴洛克艺术。

在意大利期间，接受曼图亚大公的礼遇成为奥奇契的宫廷画家，这使他有机会接触到更多的古代艺术珍藏，丰富了他的艺术修养。受到大公的赏识和信任，让他作为宫廷使臣去意大利各地和西班牙收集艺术珍品，青年画家的难得机遇，有可能使他在艺术上博采众长。这期间的作品《莱尔马公爵骑马像》《圣海伦娜》《上十字架》《基督戴荆冠》等，画风受文艺复兴美术影响，有威尼斯画派的特点。

1608年他回到安特卫普，次年出任佛兰德斯的统治者伊萨贝拉的宫廷画家，不久便与人文主义者兼名律师的女儿布兰特结婚，画家为妻子画过不少著名的肖像，过着豪华安定的生活。这种安定的生活使画家投入积极的创作，逐渐形成了自己独特的艺术风格。他特别注重带有旋转的运动感的结构来表现激动人心的场面，他善于运用对比的色调，强烈的明暗和流动的线条来加强这种画面的运动感。其间所作一批以宗教和神话为题材的油画《复活》《爱之园》《强劫留基伯的女儿》《末日审判》等，笔法洒脱自如，整体感强，表明其艺术创作已进入鼎盛阶段。其特点是将文艺复兴美术的高超技巧及人文主义思想和佛兰德斯古老的民族美术传统结合起来，形成了一种热情洋溢地赞美人生欢乐的气势宏伟，色彩丰富，运动感强的独特风格，成为巴洛克美术的代表人物。

1630—1640年，他已进入老年，因患风湿病而手指成为畸形，但仍坚持作画。一批出色的风景画和人物肖像，用色、用笔更加奔放自如，虽然画作的大部分的要由助手和学生来协助完成，但他亲手制作的那些油画草图，仍可看出他的绘画到后期又进入了一个新的发展阶段。鲁本斯的绘画对佛兰德斯以及整个西方绘画的发展，具有重大意义，17世纪后期巴黎的法国皇家美术学院就出现了一批鲁本斯主义者。18—19世纪法国画家瓦托、德拉克洛瓦、雷诺阿和英国画家雷诺兹、康斯特布尔等都在不同程度上受到过他的影响。

鲁本斯一生的创作中，主要是宗教神话题材，他在基督教题材的创作中，不可避免要受到教会的制约，但在神话题材创作中，就可以自由发挥自己的艺术个性。鲁本斯从威尼斯大师们那里获得色彩造型的启迪，在自己的创作中，色彩艺术得到了尽善尽美的发挥，已经超过了他所尊重的威尼斯画派的成就。

鲁本斯是一位伟大的人文主义画家，即使宗教神话是他创作的主要题材，但他还是以世俗的人物和自然去描绘神界人物，正如法国美术史家丹纳所言：他的作品表面上涂着一层天主教的圣油，而骨子里的风俗、习惯、思想感情，一切都是异教的。在鲁本斯的作品中体现出热爱生活，对生活充满美好理想、丰富的想象力，通过艺术形象肯定人的力量和人生的欢乐，他善于运用健康丰满、生机勃勃的形象，洋溢着乐观与激情的性格，去表现自己的审美理想与趣味。由于他所处的上流社会环境，迎合上层贵族的审美要求，所以他笔下的人物，尤其是妇女几乎都是贵妇人，体态胖肥，皮肤细嫩，搔首弄姿，忸怩作态，而男子都是浪荡公子一类，在一定程度上反映了佛兰德斯贵族资产者的追求享乐和骄奢淫逸的生活情趣。鲁本斯一生创作极为丰盛，作品多具有宏大的场面，强烈的运动感，雄健的造型，富有想象力和戏剧性情节；对比鲜明、响亮饱满的色彩；流动的线条、激动人心的画面艺术效果，给人以一种富丽堂皇、华美火热、

欢腾鼓舞的艺术感受。

鲁本斯一生过着王子般的生活，49岁时爱妻去世，53岁时又与一位16岁的妙龄少女海伦娜·弗尔曼结婚，仍然过着幸福生活。在他63岁时走完了自己艺术的一生，为人类艺术宝库贡献了三千余幅艺术珍品。法国美术史家丹纳说：

"佛兰德斯只有一个鲁本斯，正如英国只有一个莎士比亚，其余的画家无论如何伟大，总缺少一部分天才。"

宏伟堂皇的巴洛克建筑

当西方建筑的发展步伐迈入16世纪下半叶至17世纪时，其艺术风格的演化渐渐出现了两个分支。一是发源于意大利罗马的巴洛克建筑，一是发源于法国的古典主义建筑。"巴洛克"一词原意是指形状不规则的珍珠，18世纪的新古典主义艺术家用它来称呼17世纪建筑作品的风格，是在嘲讽他们奇形怪状、违反了古典艺术的规范。

意大利巴洛克建筑

事实上，在意大利就文艺复兴建筑的基础上发展起来的巴洛克建筑，其风格的形成直接与教会势力相关。早在16世纪下半叶，意大利文艺复兴晚期著名建筑师和建筑理论家维尼奥拉设计的罗马耶稣会教堂是由手法主义向巴洛克风格过渡的代表作，也有人称之为第一座巴洛克建筑。

手法主义是16世纪晚期欧洲的一种艺术风格。其主要特点是追求怪异和不寻常的效果，如以变形和不协调的方式表现空间，以夸张的细长比例表现人物等。建筑史中则用以指1530—1600年间意大利某些建筑师的作品中体现前期巴洛克风格的倾向。

进入17世纪后，天主教会的财富日益增加。为了向朝圣者炫耀教会的富有和在教堂中制造神秘迷茫的气氛，罗马教皇不仅在罗马城修筑了宽阔

的大道和宏伟的广场，而且还鼓励各个教区建造自己的巴洛克风格的教堂。这些教堂在造型和装饰上都追求感官的享受和刺激，一个个富丽堂皇，同时又怪诞诡奇，具有强烈的神秘气氛。其中有些巴洛克建筑过分追求华贵与气魄，甚至到了繁琐堆砌的地步。

在教会的大力提倡下，巴洛克建筑风格很快传遍意大利全境，继而又流传到德国、奥地利。瑞典等欧洲各国。同时它还影响到王宫、官邸等世俗建筑。期间，意大利出现了贝尼尼和波洛米尼两个著名的巴洛克艺术大师，罗马更是涌现出圣卡罗教堂。和平圣玛丽亚教堂、纳沃那广场、圣彼得广场、西班牙台阶和特维莱喷泉等诸多巴洛克建筑的代表作。瑞典17世纪的斯德哥尔摩王后宫和王宫亦为巴洛克建筑的杰作。而德国18世纪的巴洛克建筑则独树一帜。其教堂外部简洁，内部装饰繁密；世俗宫殿建筑将法国古典主义的庄严与巴洛克的奔放结合起来，金碧辉煌。著名的实例有十四圣徒朝圣教堂和茨温格庭院等。

巴洛克艺术的首席代表贝尼尼

贝尼尼是意大利17世纪建筑大师，著名雕塑家和画家，巴洛克艺术的首席代表，也可以说是巴洛克艺术的创始者。1598年12月7日出生于那不勒斯，1604—1605年全家迁居至罗马。1680年11月28日故于罗马。他是一位多产的艺术家，他用一件件杰作把罗马点缀成了一座巴洛克式的城市，漫步罗马街头，这些作品随处可见。他的作品将建筑与雕刻、绘画等姊妹艺术完美地融合为一个整体。他的作品证明当艺术与教廷互相满足彼此需要之时，促进了彼此的繁荣和发展，并由此引导了时尚。

贝尼尼的父亲也是一位雕塑家。据说，贝尼尼在8岁时就做了一个小孩头像，这件事使他父亲大吃一惊。至17岁时已能独立地给大主教萨道尼作一件很不错的肖像了。后来又结识了显赫一时的红衣主教斯皮奥涅·波尔盖兹。在贝尼尼初出茅庐的时候，波尔盖兹为了装饰自己的花园，曾向他订购了一系列作品。通过制作这些作品，贝尼尼可谓初露锋芒，展示了自己的天才，获得了出人意外的成功，赢得了极大的荣誉。他在1619年（也有人认为是在1623年）所作的《大卫》就是其中之一。

贝尼尼塑造的人物总是处于剧烈的运动中。大理石在他手中好像已失去了重量，人物的衣服总是随风轻轻飘起，给人以一种轻快、活泼和不安的感觉。贝尼尼刻画的人体的数量上不亚于米开朗琪罗，而他更善于表现戏剧性的情节和人体在剧烈的运动之中。从其作品中，我们还能看到古典主义传统对他的影响，特别是希腊化时期的风格，很明显在他的作品中得到了反响。当组雕《阿波罗和达弗涅》完成后，贝尼尼赢得了整个罗马的赞美，连一些宗教界的高级人士都为之感动，其中包括不久后成为教皇的乌尔班八世也对贝尼尼大加赏识。后来，他进入教廷，受教皇之托，为圣彼得大教堂制作了豪华的青铜华盖，这是雕刻与建筑紧密结合的作品。这件雕刻得十分生动的作品，充分显示出贝尼尼一心为宗教服务的思想，也显示出巴洛克艺术的综合性、豪华性、装饰性、戏剧性等特点。其圣彼得大教堂前广场柱廊的创造，气势宏大，富于动感，与米开朗琪罗的大教堂圆顶相呼应，使这处景观成为罗马最壮丽的景观。

1655年，贝尼尼受教皇之托在圣彼得大教堂前修建了一个与教堂雄伟气派相称的广场。这时教堂已有了一座高耸的方尖碑，它是古罗马皇帝于公元36年从埃及运来、于1586年用了40多队骑兵费劲气力才竖起来的。这座方尖碑重达440多吨，如再移动位置实在是劳民伤财。所幸它的位置正在教堂中轴的延线上，于是贝尼尼将其设计为广场中心，左右各安排了一个喷泉，组成了广场的横轴线。

圣彼得广场并不是对古罗马广场的简单复制，而是一种创新和突破。

其平面是横、竖轴196米、142米的椭圆，由两个四列柱子的柱廊围成。其造型奔放而具有动感，仿佛环抱着的手臂，寓意天主教对信徒宽宏的庇护。

为了使在广场上的信徒能看到正在布道的教皇，贝尼尼设计了一个梯形的广场与大教堂相连。广场设计完全是按照罗马天主教廷的要求进行的：将富丽豪华的世俗化装饰纳入到宗教艺术中来。于是，我们看到，广场周围环绕着古罗马的塔斯干柱廊，其整个布局豪放，富有动感，光影效果强烈。广场柱廊的入口处是模仿古典神庙的三角门楣，柱式也是古典主义的。此外，贝尼尼还是位伟大的雕塑家，他在柱廊顶上共安排了140多座《圣经》人物雕像，使广场的气氛更为生动。

罗马的纳沃那广场是巴洛克时代最具代表性的城市广场之一。它坐落在古罗马皇帝米提安建造的运动场旧址上，形状呈长椭圆形。广场上设有三座喷泉，正中央的四河喷泉是贝尼尼在1651年为教皇英诺森十世设计建造的，为典型的巴洛克风格。广场南端的月亮喷泉中心的月亮雕像也是出自贝尼尼之手。

由贝尼尼主持设计的特维莱喷泉，其造型带有典型的晚期巴洛克风格。喷泉雕塑展现的是海王尼普顿率领水族从一座水池中奔腾而出，水池则坐落在一凯旋门式的巨大建筑前。海王高踞在凯旋门的中央拱门前，披风似乎正被强烈的海风吹拂着，如风帆一般鼓起；在他的脚下，海妖吹着号角，骏马奔腾。水流从凯旋门喷涌而出，随着雕塑层层跌落，最后汇入门前巨大的水池中。整组雕塑和喷泉充满了强烈的动势和勃勃生机。

德国巴洛克建筑

十四圣徒朝圣教堂平面布置非常新奇，正厅和圣龛做成三个连续的椭圆形，拱形天花也与此呼应，教堂内部上下布满用灰泥塑成的各种植物形状装饰图案，金碧辉煌。教堂外观比较平淡，正面有一对塔楼，装饰有柔和的曲线，富有亲切感。

北欧巴洛克建筑的代表

瑞典王宫位于斯德哥尔摩市中心的一个小岛上。1692 年开始兴建，其方案还受到贝尼尼的卢浮宫设计方案的影响。王宫建筑采用了巴洛克风格和古典韵律相结合的手法。

巴洛克雕塑大师——贝尼尼

　　法国艺术哲学家丹纳（1828—1893）在《艺术哲学》中说："……后来罗马清理希腊遗物，广大的罗马城中雕像的数目竟和居民的数目差不多。便是今日，经过多少世纪的毁坏，罗马城内城外出土的雕像，估计总数还在 6 万以上。"意大利的其他城市也有收藏和展示雕像的习惯，如在佛罗伦萨和那不勒斯等地，在较大的广场上一般都能看到雕像。意大利与希腊比邻，在古罗马时代就深受古希腊文化影响，后来又经历了文艺复兴和巴洛克艺术时期，所以留下的雕塑甚多。漫步在这些雕像和古罗马留下的颓垣断壁之间，仿佛又回到了已经消逝的遥远年代。而这些雕塑大多出自巴洛克时期雕塑艺术的最伟大的代表贝尼尼之手。

　　这些雕像造型优美，其体积与真人相似。雕刻家不但以娴熟的技艺出色地表现了不同人物的表情：或沉静或悲伤或愤怒，并且细腻地处理了相关细节，如贴身如丝的柔软衣物、反映出身体重量的床垫、脸上流淌的泪珠和因用力搂抱少女而深掐柔嫩肌肤的手指等。伫立在这些雕像前，看见如此"柔软的"材料，会忘记它们竟都是用大理石雕刻的。巴洛克艺术是继承文艺复兴之后的主要流派，它追求运动和豪华，与文艺复兴时期的含蓄、平稳的风格不同。

　　雕塑《阿波罗与达弗涅》是贝尼尼的代表作。贝尼尼用十分巧妙地构思和造型，将阿波罗的追求，达弗涅的逃避和变形过程表现出来。同时也表现了阿波罗正要触到达弗涅的身体的一刹那。两个人的身体正沿着一条对角线的方向跑去，达弗涅似乎就要离开大地，她那轻盈腾飞的姿态，充分展示了人物的内心激情。达弗涅眼睛斜视，侧着头，身体在扭转躲闪着阿波罗的手臂，双臂求援似的向上举起。她扭头张口求救，发出了哀求和绝望的呼喊。她脸上露出的惊恐表情和眼中闪出的求救的目光，更衬出她的温柔和美丽，令人爱怜和同情，具有使人怜悯的美感。在这一时刻，阿波罗的手臂已触到达弗涅的身体，但达弗涅的身体也已变化，她飘拂的头发已变为绿叶，张开的手指变成了树枝，左腿已化为树干并长出了细小的枝叶。贝尼尼充分运用了他最擅长的舞蹈动作，将这美丽传说中的动人情节刻画入微，表现得十分生动。阿波罗和达弗涅的身体在他手下被塑造得十分轻盈柔美，细腻光滑。这件作品富有动感，节奏鲜明，整体感强，而又不失古典主义的典雅，又有巴洛克艺术的动感和热情。这件雕塑的问世震动了罗马城，一夜之间贝尼尼成了罗马的谈话中心，人们赞叹他的娴熟技巧和他的巧妙构思，是他使大理石有了激情和生命。贝尼尼这尊组雕使当时的一位红衣教主巴尔别里尼喜欢得神魂颠倒，他请另一位红衣主教为之写下了一首诗刻在这塑像基座上："迷恋的人，追赶着快乐。这昙花一现的美色啊，他得到的只是一个苦果，几片绿叶。"此作现藏罗马波尔葛赛美术馆。

在那个时代识字的人很少，用雕塑形式传达的思想易于在人群中传播。雕像一般都是只有一个颜色，没有眼珠，但正是色调的单纯和表情的淡薄构成它的美，头部与四肢各有重量，观众可以从四周观赏。一尊完美的雕像可以说是既高雅又通俗的艺术，无需深奥的文字解说，不同种族和文化程度的人都会感受到它体现的精神。

面对前人的艺术成就，人们必须寻求变革以实现新的超越。贝尼尼在

大卫像的雕塑过程中，对其赋予了感情，与米开朗琪罗的同名作品不同，前者的作品是动感的，而后者似乎是准备采取行动的姿态。其扭曲的躯干和紧皱的双眉充分体现了文艺复兴时代积淀下的巴洛克艺术特点。米开朗琪罗表现了大卫的英雄本质，而贝尼尼抓住了大卫的英雄气质的瞬间。巴洛克雕塑强调造型的运动和变化，注重人物内心情感的表现，超越时间和空间，更实际地进入世俗生活，以及追求艺术表现与材料运用的多样化，营造"动中之美"等一系列开拓性的创新之举，使雕塑艺术在造型形式处理和构成方式上发生新的、深刻的变化。

四河喷泉是以一座方尖碑为核心，周围围绕着四座人物雕像，分别代表着象征世界的四条河流：多瑙河象征欧洲，尼罗河象征非洲，恒河象征亚洲，拉普拉塔河象征美洲。贝尼尼仿佛赋予了冰冷的大理石以温暖的肉感，雕塑性格鲜明，形象生动。

巴洛克艺术打乱了雕刻、绘画的明显区别，并把这两种艺术样式与建筑结合起来。这种"三位一体"的特殊艺术形态往往会造成一种舞台上的幻觉效果。贝尼尼创作的圣彼得大教堂祭坛上的青铜华盖就非常明显地带有这个特点。

巴洛克音乐之父——巴赫

巴洛克音乐指欧洲在文艺复兴之后开始兴起，且在古典主义音乐形成之前所流行的音乐类型，延续期间大约从1600年到1750年之间的150年，即从蒙特威尔地开始，到巴赫和亨德尔为止。

巴洛克最初是建筑领域的术语，后逐渐用于艺术和音乐领域。在艺术领域方面，巴洛克风格的特征是精致细腻的装饰以及华丽的风格，造成这种现象的主因，是因为巴洛克时期是贵族掌权的时代，富丽堂皇的宫廷里奢华的排场正是新的文化以及艺术的发展中心，而这个大环境的改变也直接地影响到了音乐家的创作。17、18世纪宫廷乐师所写的音乐作品，绝大部分是为上流社会的社交所需而做，为了炫耀贵族的权势以及财富，当时的宫廷音乐必定得呈现出炫耀的音乐以及不凡的气度，以营造愉悦气氛。

巴洛克音乐的特点是极尽奢华，加入大量装饰性的音符。节奏强烈、短促而律动，旋律精致。复调音乐（复音音乐）仍然占据主导地位，大小调取代了教会调式，同时主调音乐也在蓬勃发展。于是复调的和声性越来越明显。复调在J.S.巴赫时代发展到极致。

巴洛克音乐创作的发展中心以贵族的宫廷、私人组织的学会以及天主教教会为主，其中又以宫廷最具影响力。此时期的音乐创作除了适合在宫廷里演奏的大协奏曲以外，还有贵族沙龙里带有私密气氛的小规模乐器奏

鸣曲，弥撒、神剧、受难曲以及丰富的管风琴曲目，令教堂充满了圣神的光彩。另外，歌剧在威尼斯快速兴起，借着音乐和戏剧的结合将情感抒发到最高点。音乐创作从此步入了一个蓬勃发展的阶段。当时富有的贵族大多都拥有专属的乐团，以便在宫廷中娱乐宾客，而变化多样又音乐宽广的乐器曲就广受青睐。乐器曲崛起后，音乐的创意更有了发挥空间，音乐家开始发展出不同的乐曲类型。

巴洛克音乐的思维与雕塑的空间感极为相似，非常强调调性的转换、速度力度变化、声部间对置等对比原则，强调动感、装饰性及整体结构的宏伟性。通常来说，巴洛克音乐有如下一些特色：它的节奏特别强烈、活跃，短促而律动；旋律精致、跳跃且持续不断；采用多旋律、复音音乐的复调法；作曲家普遍强调作品的情感起伏，以至于音乐的速度、力度变化在当时相当被看重；曲目的调性也从文艺复兴时期单一而保守的教会调式发展为采用大小调形式。这种使用通奏低音的织体是：上面一个人声或乐器的旋律声部，底部是一个低音乐器，中间填以和声，这是典型的巴洛克音乐的风貌。上面的声部也常有用两个的，有时是为两个歌手写的，有时是两把小提琴（此时即称三重奏鸣曲），此种结构在巴洛克音乐中也很典型，特别是通奏低音不能或缺，说明由低音产生和声的概念对于巴洛克音乐是如何重要，是它的中心。

在音乐上的"对比"可以表现为各个不同的方面：音的高与低，速度的快与慢（快与慢的段落对比或快慢声部间的对比），力度的强与弱，音色的不同，独奏（唱）与全奏（合唱）等。各个声部（通常为4至5个声部）相互交织，同步进行。所有这些都在巴洛克时期的音乐结构中存在，各有它们的地位。像维瓦尔第的《四季》协奏曲、亨德尔的《水上音乐》、巴赫的《布兰登堡协奏曲》等大多数作品都以鬼斧神工的熟练技巧巧妙地把这些特点完美地组织在一个作品当中，这与巴洛克雕塑处处讲求精雕细刻的独特手法有十分相似之处。

巴　赫

　　音乐的创造者是巴洛克时期最伟大的音乐家，约翰·塞巴斯蒂安·巴赫（1685—1750）。他结束了文艺复兴时期统一、协调式的平稳的复调音乐，可以说他是构成欧洲音乐殿堂的一根重要支柱。巴赫的音乐之美，体现在两个方面：一方面是严格和均衡的美，主要体现在其对曲式的完美应用上，对这个方面的领悟要结合相关的曲式学知识；另一方面是深刻的抒情美，巴赫的音乐有不少都充满了沉思冥想的意味，也不乏生机勃勃、激动人心者，这些都强烈地表现出巴洛克音乐特有的装饰性美感。巴赫音乐中除那些直接为宗教仪式而创造的管风琴曲、弥撒曲、受难曲、经文歌外，器乐曲往往通过节奏的对比与变化，来表现复杂的均衡关系。通过这种均衡关系而作复调处理，对位、变化，达到一种极丰富的循环。他的音乐，简单的也就是最复杂的，接近于数学与逻辑。巴赫将这些全都巧妙地编织起来，构成了一个完整而和谐的整体。所以研究巴赫的权威，著名管风琴家施魏策尔认为，巴赫的音乐是一种像宇宙本身一样不可思议的本体现象。对于整个巴洛克时期的音乐来说，巴赫的音乐成就，犹如架在一座殿堂上的圆顶，而他的影响一直深远到19世纪的欧洲音乐发展。1750年，巴赫与世长辞，这标志着巴洛克巅峰的对位法音乐的终结，也标志着巴洛克时代的终结。

亨　德　尔

　　作为与巴赫同名享誉欧洲的音乐家，亨德尔的作品在华丽壮美中同样

有杰出的代表性。亨德尔的作品主要是歌剧以及一些大协奏曲、奏鸣曲和组曲的器乐曲，歌剧和清唱剧，这些使他那崇高壮丽，富于表现力和感染力的艺术特点达到了登峰造极的境地。他们共同开创了音乐发展的新时代，留给后人取之不竭的音乐宝藏。

艳溢四方的洛可可艺术

洛可可艺术是法国18世纪的艺术样式，发端于路易十四时代晚期，流行于路易十五（1715—1774）时代，风格纤巧、精美、浮华、繁琐，又称"路易十五式"。rococo 一词与法语rocaille（岩状饰物）相关，即由"岩状工艺"和"贝壳工艺"引申而来，指室内装饰、建筑到绘画、雕刻以至家具、陶瓷、染织、服装等各方面的一种流行艺术风格。

洛可可艺术是相对于路易十四时代那种盛大、庄严的古典主义艺术的，这种变化和法国贵族阶层的衰落，与启蒙运动的自由探索精神（几乎取代宗教信仰），及中产阶级的日渐兴盛有关。

洛可可艺术在形成过程中还受到中国艺术的影响，特别是在庭园设计、室内设计、丝织品、瓷器等方面。由于当时法国艺术取得欧洲的中心地位，所以洛可可艺术的影响也遍及欧洲各国。

洛可可艺术的繁琐风格和中国清代艺术相类似，是中西封建历史即将结束的共同征兆。

洛可可艺术的特征：曲线趣味，常用C形、S形、漩涡形等曲线为造形的装饰效果；构图非对称法则，而是带有轻快、优雅的运动感；色泽柔和、艳丽；崇尚经过人工修饰的"自然"；人物意匠上的谐谑性、飘逸性，表现各种不同的爱。洛可可艺术的形成和发展得益于一个人，是她使17世纪太阳王照耀下有盛世气象的艺术风格，被18世纪这位贵妇纤纤细手摩挲

得分外柔美媚人了。

洛可可艺术倡导者

蓬皮杜夫人（1721—1764）"艺术保护人"，历史上人们对蓬皮杜夫人的评价不尽一致。借用法国哲学家伏尔泰对她的评语是："她灵魂正直，心地公平，如此名姬，实为旷世罕见。"至于她在法国文化艺术上的作用，那实在太重要了。蓬皮杜夫人原名让娜·安托瓦内特·普瓦松，出生于巴黎金融投机商家庭。最初嫁给埃蒂奥尔，很快成了巴黎社交界的红人。进入宫廷后立即博得国王的青睐，成了他的第二情妇。1744年，路易十五封她为蓬皮杜侯爵夫人。

初进凡尔赛宫时，蓬皮杜夫人谦逊地只住顶楼几间普通房间。由于她才貌出众，会取悦宫中显贵，特别是王后玛丽，经过与国王五年的姘居，渐渐从顶楼搬进国王的豪华居室，在宫中也日益稳固着她的地位。路易十五给她以更多的特权，从生活到内政，她成了路易十五的"总管"，谁想得到皇上的恩宠、提升或某种特权，非走她的门路不可。她喜欢蔷薇色，于是皇家塞夫勒瓷厂出产的瓷器被冠以"蔷薇蓬皮杜"的名字。她亲自设计的一种宫内服饰，被命名为蓬皮杜式便服，后来凡是她喜欢、她接受的都与她的芳名联系起来，成为宫内外最高贵的流行款式。她是路易十五式（即洛可可）艺术的主宰，一切以她的好恶为准，人称"洛可可的母亲"。自从布歇进入路易十五的宫廷后，就被指定为蓬皮杜夫人的素描与版画教师。她和布歇的艺术趣味也一拍即合，蓬皮杜让布歇给她久居的城堡全部装饰。从此，布歇在宫中的地位日益巩固，在许多方面，布歇与蓬皮杜夫人几乎就是推动洛可可风格的"两个轮子"。布歇为这位夫人所画的肖像也最多，这一幅《蓬皮杜夫人》是布歇为她所作的所有肖像中，堪称最佳的一幅。

洛可可式建筑风格

洛可可式建筑风格，于18世纪20年代产生于法国并流行于欧洲，是在巴洛克建筑的基础上发展起来的，主要表现在室内装饰上。洛可可风格的基本特点是纤弱娇媚、华丽精巧、甜腻温柔、纷繁琐细。它以欧洲封建贵族文化的衰败为背景，表现了没落贵族阶层颓丧、浮华的审美理想和思想情绪。

18世纪德意志王宫和园林

位于德国波茨坦市北郊，为普鲁士国王腓特烈二世模仿法国凡尔赛宫所建。宫名取自法文的"无忧"或"莫愁"。整个王宫及园林面积为90公顷，因建于一个沙丘上，故又称"沙丘上的宫殿"。宫殿正殿中部为半圆球形顶，两翼为长条锥脊建筑。殿正中为圆厅。瑰丽的首相厅，天花板上装潢富有想象力，四壁镶金，光彩夺目。室内多用壁画和明镜装饰，辉煌璀璨。宫殿前有平行的弓形6级台阶，两侧和周围由翠绿丛林烘托。宫殿前有喷泉，正对着大殿门廊。此喷泉采用圆形花瓣石雕，四周有"火"、"水"、"土"、"气"4个圆形花坛陪衬，花坛内塑有神像，尤以维纳斯像和水星神像造型精美，形象生动。据说整个宫内有1 000多座以希腊神话人物为题材的石刻雕像。宫殿东侧还有珍藏124幅名画的画廊，这些绘画多为文艺复兴时期意大利、荷兰画家的名作。画廊宽敞明亮，每逢佳节，这里都举办音乐会。花园内有一座六角凉亭，采用中国传统的碧绿筒瓦、金黄色柱、伞状盖顶、落地圆柱结构，被称为"中国茶亭"。亭内桌椅完

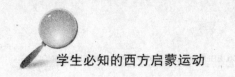
全仿造东方式样制造，亭前矗立着中国式香鼎。无忧宫是18世纪德国建筑艺术的精华，全部建筑工程前后延续时间达50年之久。

威斯朝圣教堂中供奉的是一尊受鞭打的救世主雕像，由施魏格尔兄弟于1730年在上巴伐利亚的施泰因加登修道院雕刻完成。传说1738年6月14日，威斯的一位名叫玛丽亚·洛吕的女农民在救世主雕像的眼睛中看到了几滴眼泪，消息传开以后，很快引来了礼拜和朝圣的人潮，人们蜂拥前往一睹传说中流泪的救世主雕像。

1745年至1754年，齐默尔曼兄弟建造了现在这座洛可可风格的威斯教堂，圣坛上的画作是由慕尼黑的宫廷画师巴尔塔萨·阿尔布雷希特创作的，教堂的管风琴造于1957年。

1983年维斯教堂入选世界文化遗产名录，1985年至1991年花费了1060万马克进行整修。现在每年有超过一百万人来到这里，教堂内经常性地举办宗教音乐会。5月1日是维斯每年朝圣的开始，而每年的6月14日和接下来的星期日则是"耶稣的眼泪"节，以纪念救世主雕像落泪奇迹的发生和维斯圣地的建立。

室内装潢通常以白色为底，利用花朵、草茎、棕榈、海浪、泡沫或贝壳等作为装饰的图案，带来一种异常纤巧、活泼的趣味，但却破坏了建筑的均衡、庄重和安定的感觉，尤其是使用金、白、浅绿、粉红等刺眼的色彩，更令人眼花缭乱，这种繁琐、矫揉造作的风格，实在是装饰艺术的极端。

洛可可绘画风格

洛可可时期在油画领域不再表现神、圣人和骑士，而转而表现宫廷的朝臣、贵族等，颜色细致、淡雅，人物纤细。主要代表画家是华托和布歇，华托的《发舟西苔岛》画面迷离，人物雍容华贵。无拘无束地尽情戏耍的乐趣，摆脱一切思索而获得感官快乐的乐趣，在这个时期的绘画中得到了或许是最完美的表现，因为它不需要理性的协助就能直接使眼睛感到满意和愉悦。由于有了洛可可潇洒风雅的绘画，早在"为艺术而艺术"这一概念形成很久之前，我们就见到了一种需要由其自身而不是由其内容来评价的艺术。

西苔岛是一个崇拜爱情女神阿佛洛狄忒的希腊岛屿。它就像游园会上的一场超脱尘世的表演，正如当时在贵族府邸里流行的那样。在爱情岛那闪耀着希望之光的远景前面，恋人们的队列在一种饱和的温暖色彩当中移动，使人与自然超出朦胧的轮廓相聚，踏上一只周围有小爱神盘旋的、扬着玫瑰红色船帆的金色小船里。男士们殷勤风雅，女士们身着丝绸衣裙，仪态万方，还有那种求爱、矜持和顺从的表情之妩媚，这一切都赋予周围景致以远离尘嚣的宁静和诗意的气氛，从而体验到人的最温柔的情感。

洛可可雕塑风格

大理石雕《普绪刻的悲哀》表现的正是丘比特生气地走后，普绪刻后悔莫及的情景。法国雕塑家奥克斯丁·巴茹（1730—1809）通过普绪刻的脸部表情、人体的姿态以及身边的道具，细致入微地表现了她内心的无比悔恨。普绪刻无力地坐在丘比特的床上，靠着左手才支撑住瘫软的上身，右手抚着自己的胸部，痛恨自己刚才行为的轻率，抬起的头部以及乞求的目光和微张的嘴，都流露出一种伤心、绝望的神情。由悔恨转入自我谴责，及至绝望，一系列的内心活动，便通过这一系列的人体语言源源不断地流露出来。

我们从现代的角度审视18世纪的洛可可艺术，应该说蓬皮杜夫人是那

些喜欢豪华风格者的代表人和组织者，有"众望所归"的特征。当时上层社会的男男女女无不热心并亲自参加公益活动，以至于这些举动有的达到令人讥笑和荒诞不经的地步。16世纪，当衰败的瓦卢瓦王的国王查理九世答应送给西班牙国王一支他亲自制作的枪时，那位西班牙大使为之惊诧不已。18世纪，路易十六的妻子玛丽成天抱怨她的丈夫沉湎在他的作坊中，甚至无暇顾及妻子，路易十六在他的作坊中潜心钻研的是钟和锁的奥秘。在这两例中我们似乎瞥见了那些把命运强加于他们身上的角色不相适应的悲剧性人们。这些人在体力劳动中发现了一个聊以自慰的世外桃源。但这对于不理朝政的帝王来说却是不祥之兆。

风靡一时的奇想多变的洛可可风格随着蓬皮杜夫人的亡故而终止，被路易十五另一情妇杜巴利夫人倡导的新古典主义而取代。但是，洛可可风格的璀璨之处，自有它超时代艺术生命力所在，现代人都公认它是19世纪晚期新艺术运动的前奏。而那些幸存的艺术精品，至今还散发着光芒，并向人们述说着那个岁月的时尚和人们不知道的故事。

理性至上的法国古典主义文学

从古典主义思潮的源流发展上说，它最早产生于17世纪的30、40年代，盛行于60、70年代，先后流行了200年。到了18世纪开始衰落，古典主义从文艺思潮的内容渐蜕变为一种单纯的文艺形式和流派。这派艺术家认为古希腊罗马时代的艺术是其创作的典范和样板，他们不仅从中吸取主题、相似的冲突和性格，而且也运用古希腊罗马的艺术形式，来创造出合乎理性、合乎法度的古典式作品。

古典主义艺术中心在法国，它的产生与当时的法国的社会历史背景有关。法国大革命前夕，第三等级的广大市民已经产生了推翻封建统治的要求，资产阶级的启蒙思想家也提出了明确的思想理论。社会前进的主导力量需要它的艺术能成为一种宣传革命，鼓吹自由、平等、博爱与共和的有力武器，需要它的艺术能够起着培植人们斗争勇气，树立英雄主义和新道德的教育作用。在形式上必须排除那种靡靡华丽的脂粉气，而易之以庄重严肃的强力格调。这种艺术在当时是没有现成的东西可循的，就只有借助于古代艺术了。

古典主义的基本特征有以下几个方面：

1.政治上拥护中央王权，主张国家统一。古典主义是法国专制君主制的产物，古典主义作家把歌颂专制王权、宣扬公民的义务和责任作为自己创作的主旨。

2.思想上崇尚理性。当时的法国从混乱走向统一，提倡理性，维护秩序成为时代的风尚，笛卡儿的理性主义哲学是古典主义的思想基础。

3.艺术上提倡模仿古代，重视规则。古典主义提倡向古希腊罗马学习，从古代作品中选取题材，把古代的创作经验视为必须遵守的法则。

古典主义作为一种艺术思潮，自然在各个艺术领域都有所表现。

法国古典主义文学的成就是多方面的，其中以戏剧方面的成就最为卓著。高乃依、拉辛的悲剧，莫里哀的喜剧，达到了这一时期欧洲文学的最高水平。

悲剧最有代表性的作品是高乃依的《熙德》《贺拉斯》和拉辛的《安德洛玛刻》等。这些悲剧作品中充满了崇高典雅的理性精神和行为规范，它回避一切粗俗的东西，用荣誉和责任来抵制欲望和爱情，用理性来驾驭情感。悲剧的主题通常都是民族（或家族）大义与个人情欲之间的冲突，为了家族的名誉和国家的利益不惜牺牲个人的爱情和生命。

彼埃尔·高乃依（1606—1684）是法国古典主义悲剧的创始人，在法国有"悲剧之父"的称号。他出身于资产阶级家庭，长期从事律师业务。1636年，他的悲剧《熙德》在巴黎上演，轰动一时，观众趋之若鹜，但因受到攻击而辍笔数年。1640年后又写了几部重要的悲剧：《贺拉斯》（1640）、《西拿》（1640）、《波利厄克特》（1643）等。晚期创作趋于衰落，他的悲剧大多取材于罗马历史（《熙德》除外），反映了专职王权极盛时期的时代特点。作品中充满着爱国主义和英雄主义的热情，描写具有坚强意志和高度责任感的英雄人物。

诗剧《熙德》是法国古典主义戏剧发展初期第一部取得成功的杰作，因此在文学史上具有重要地位。这部悲剧取材于西班牙历史，并参考17世纪西班牙戏剧家卡斯特罗（1569—1631）的《熙德的青年时代》而写成。主人公堂·罗狄克是西班牙老将堂·狄哀格之子，他与堂·高迈斯伯爵之女施曼娜相爱。不料堂·高迈斯因嫉妒堂·狄哀格被选为王子的老师，当众打了狄哀格一记耳光。罗狄克为了维护家族荣誉，向高迈斯伯爵挑起决斗并误杀了他。施曼娜为报父仇要求国王惩罚自己的恋人。这时，摩尔人入侵，罗狄克英勇抗敌，成了民族英雄，被人称为"熙德"（阿拉伯语，"将军"、"首领"的意思）。国王做主，让罗狄克在一次决斗中取胜，成全了二人的婚姻。剧中的矛盾冲突非常尖锐，主人公的内心斗争，即义务与爱情、理智与情感的冲突也极其激烈。当罗狄克为国效劳成了民族英雄的时候，国王出面解决了这些矛盾。作品宣扬了国家民族的利益高于一切的思想、封建义务与个人情感在这个原则的统率下取得协调一致。剧中的国王是一个贤明的统治者，而不是绝对权威。《熙德》的演出非常成功，但是首相黎希留不满意高乃依对国王的保留态度，不满意剧本歌颂一个被视为敌国的西班牙的英雄，责令法兰西学士院对《熙德》发动攻击。1638年沙普兰起草的《法兰西学士院对〈熙德〉的批评》发表，指责高乃依抄袭别人、违反"三一律"。高乃依愤然搁笔，以示抗议，但是他终究还是屈服，在以后的几部作品中，都不得不接受古典主义的规范。经过这一场斗争，作家们再也不敢违背"三一律"。古典主义在专制政权支持下取得了文坛的统治地位。

让·拉辛（1639—1699）是继高乃依而起，对古典主义悲剧做出贡献的戏剧家，他能自如地驾驭古典主义的法则，写出具有高度艺术水平的作品，因而被认为是古典主义悲剧的典范。

拉辛处于路易十四政权由盛而衰的阶段，因此，他的作品主要不是塑造理想的英雄、歌颂爱国主义精神，而是揭露封建统治的黑暗和罪恶。拉辛出生于资产阶级家庭，本人做过路易十四的史官。1664年后他写过11部悲剧和1部喜剧。《安德洛玛刻》（1667）和《费德尔》（1677）堪称代表作。

《安德洛玛刻》取材于希腊故事。安德洛玛刻是特洛伊主将赫克托耳之妻，赫克托耳在特洛伊战争中死后，安德洛玛刻沦为希腊英雄阿喀琉斯之子、厄庇洛斯国王庇洛斯的女奴。

庇洛斯爱上了安德洛玛刻，要娶她而不与未婚妻成亲。希腊特使奥莱斯特传令庇洛斯交出安德洛玛刻的儿子，庇洛斯借此威胁安德洛玛刻。她为了保全她与赫克托耳所生儿子的性命，被迫应允。在庇洛斯宣誓不伤害她的儿子并帮助她重建特洛伊城后，安德洛玛刻自杀身亡。国王的未婚妻爱尔米奥娜因嫉恨而唆使有意于她的奥莱斯特去刺杀国王，国王被杀后她便自杀。剧本揭露了贵族阶级内部荒淫无耻、自相残杀的情景，谴责了这些受情欲支配而自私残暴的贵族人物。安德洛玛刻与他们不同，她忠于国家，忠于丈夫，既保贞节，又保子嗣，赢得了道义上的胜利。

古典主义讲究优美的仪表和矫饰的举止，剧中的主人公高傲而有礼貌，不仅活着的时候风流倜傥、彬彬有礼，而且在临死时也表现的潇洒自如、气度非凡。在古典主义文艺理论家布瓦洛规定了古典主义悲剧的基本规律——三一律："舞台表演自始至终只能有一个情节，要在一个地点和一天内完成"。

这种片面崇尚理性、讲究人性尊严的文化精神尽管是对人类正常情感的一种无情扼杀，但是它更是对中世纪反理性的信仰精神和一味强调神性尊严的文化传统的一种坚决的反叛。在这种以复古面目出现的矫揉造作的理性中，孕育了近代的启蒙思潮。

莫里哀（1622—1673）是17世纪法国古典主义喜剧作家，也是西方近代讽刺喜剧中，成就最大，影响最广的喜剧大师。莫里哀出生在巴黎一个富裕商人家庭，父亲是宫廷装饰商，用钱买了小贵族的身份。他从幼年时代就爱好戏剧，1642年中学毕业以后走出家庭，开始了戏剧活动。1645年，莫里哀参加老演员查理·杜佛莱尼率领的戏班子，在法国各地流浪了

13年。在流浪中，他了解了人民的生活和艺术趣味，熟悉了法国社会，从而确定了他对贵族和教会的批判态度。同时，他广泛接触到传统的法国民间闹剧和流行一时的意大利即兴喜剧，从中吸取了许多艺术创作的经验。这些都为他日后的创作奠定了基础。从1652年起，莫里哀解体杜佛莱尼领导剧团，而且开始为自己的剧团写作剧本。他的创作和演出在外省获得成功。1658年，率剧团回巴黎在卢浮宫演出，得到国王路易十四的赏识，从此莫里哀和他的剧团就在巴黎定居下来，在此后的14年里，他完成了30部喜剧，矛头直指教会、贵族和资产阶级。

1659年到1663年，是莫里哀开始创作古典主义喜剧时期，比较重要的作品是《可笑的女才子》（1659）和《太太学堂》（1662）。这个时期的创作就思想深度和典型塑造而言，还不够成熟。

从1664年到1668年，是莫里哀创作的成熟期和"黄金时代"，这个时期，他写了《达尔杜弗》（1664）、《唐璜》（1665）、《恨世者》（1666）、《吝啬鬼》（1668）等优秀剧本。《唐璜》和《恨世者》是莫里哀揭露贵族的作品，讽刺贵族勾心斗角、虚伪做作。《吝啬鬼》嘲笑资产阶级贪婪、吝啬和虚荣。取材于罗马喜剧普劳图斯《一坛黄金》：作品揭露和批判了资产阶级拜金主义的本性。作者用夸张讽刺的手法，成功塑造了"阿巴贡"这个典型的资产阶级守财奴形象。

1668年到1673年，莫里哀的创作进入另一阶段。此前，他的喜剧内容大都与路易十四的政策吻合，所以得到专制王权的保护，但到晚期，他加强了对现实的批判，不免有时同专制王权的政策发生抵牾，所以遭到冷遇，同路易十四的关系也出现裂痕。这时期，他写了近10部喜剧。其中，《司卡班的诡计》（1671）标志着他的喜剧创作的又一个高峰。

《史嘉本的诡计》是最富人民性的剧本之一。用闹剧手法，赞扬了仆人史嘉本的智慧和胆识，嘲笑了上等人的昏庸、愚蠢显示出蔑视封建等级

观念的民主倾向。

　　莫里哀一生写了30个剧本，他的喜剧具有古典主义戏剧的优点，结构谨严，人物具有高度的概括性。莫里哀把喜剧艺术真正提高到近代喜剧的水平，对欧洲戏剧的发展产生了深远的影响。

封建王权的象征——古典主义建筑

几乎与巴洛克建筑同时发展起来的古典主义建筑，是17世纪西方建筑艺术的另一个重要潮流。它发端于法国，其兴旺与衰败始终都与法国封建王权的命运连在一起。

16世纪至17世纪中叶，古典主义建筑处在发展早期的时候，法国的封建王权尚受到教会势力的制约。17世纪下半叶，古典主义建筑进入盛期。这时中央王权得到强化，路易十四彻底取消了主教当首相的制度，集政治、军事和文化大权于一身。1671年巴黎设立建筑学院，由此形成了统治西欧建筑业长达200多年的建筑师群体——"学院派"。学院派的建筑崇尚古典主义，认为古罗马建筑的宏伟风格更能体现世俗政权的气派。于是，在当时的法国宫廷、纪念性和大型公共建筑中古罗马的柱式和构图被广泛采用。路易十四常将很多艺术家聚集在王宫中讨论设计方案，而最后做决定则是他自己，就像主持国家政权一样。

古典主义美学的哲学基础是唯理论，认为艺术需要有严格的像数学一样明确清晰的规则和规范。同当时在文学、绘画、戏剧等艺术门类中的情况一样，在建筑中也形成了古典主义建筑理论。法国古典主义理论家J.F.布隆代尔说，"美产生于度量和比例"。他认为，意大利文艺复兴时代的建筑师通过测绘研究古希腊罗马建筑遗迹得出的建筑法式是永恒的金科玉律。他还说，"古典柱式给予其他一切以度量规则"。古典主义者在建筑设

计中以古典柱式为构图基础，突出轴线，强调对称，注重比例，讲究主从关系。巴黎卢浮宫东立面的设计突出地体现古典主义建筑的原则，凡尔赛宫也是古典主义的代表作。

古典主义建筑以法国为中心，向欧洲其他国家传播，后来又影响到世界广大地区，在宫廷建筑、纪念性建筑和大型公共建筑中采用更多，而且18世纪60年代到19世纪又出现古典复兴建筑的潮流。世界各地许多古典主义建筑作品至今仍然受到赞美。但古典主义不是万能的，更不是永恒的。19世纪末和20世纪初，随着社会条件的变化和建筑自身的发展，作为完整的建筑体系的古典主义终于逐渐为其他的建筑潮流所替代。但是古典主义建筑作为一项重要的建筑文化遗产，建筑师们仍然在汲取其中有用的因素，用于现代建筑之中。

法国古典主义建筑

卢浮宫有着非常曲折、复杂的历史，而这又是和巴黎以至法国的历史错综地交织在一起的。人们到这里当然是为了亲眼看到举世闻名的艺术珍品，同时也是想看卢浮宫这座建筑本身，因为它既是一件伟大的艺术杰作，也是法国近千年来历史的见证。这里曾经居住过50位法国国王和王后，还有许多著名艺术家在这里生活过。

卢浮宫始建于1190年，当时只是菲利普·奥古斯特二世皇宫的城堡。在十字军东征时期，为了保卫北岸的巴黎地区，菲利普二世于1200年在这里修建了一座通向塞纳河的城堡，主要用于存放王室的档案和珍宝，同时也存放他的狗和战俘，当时就称为卢浮宫。查理五世时期，卢浮宫被作为皇宫，因而使它成为完全不同的一座建筑物了。在以后的350年中，随着王室贵族们越来越高的寻欢作乐的要求，他们不断增建了华丽的楼塔和别致的房间。然而在其后的整整 150 年间，卢浮宫却并无国王居住。16 世纪中叶，弗朗西斯一世继承王位后，便把这座宫殿拆毁了。他下令由建筑师皮尔莱斯科在原来城堡的基础上重新建筑一座宫殿。弗兰西斯一世的儿子亨利二世即位后，把他父亲毁掉的部分重新建造起来。亨利喜爱法国文艺复兴时期建筑艺术的装饰，对意大利式的建筑并不感兴趣。他沿袭了父亲的嗜好，但却没有他父亲一样的审美观。

亨利四世在位期间，他花了 13 年的工夫建造了卢浮宫最壮观的部分——大画廊。这是一个长达 300 米的华丽的走廊，走廊非常长，亨利在这里栽满了树木，还养了鸟和狗，甚至在走廊中骑着马追捕狐狸。路易十四是法国历史上著名的国王，在卢浮宫当了 72 年的国王——法国历史上最长的时代。路易十四把卢浮宫建成了正方形的庭院，并在庭院外面修建了富丽堂皇的画廊。路易十六在位期间，爆发了著名的 1789 年大革命，在卢浮宫"竞技场"院子里建立了法国革命的第一个断头台。1792 年 5 月 27 日，国民议会宣布，卢浮宫将属于大众，成为公共博物馆。这种状况一直延续了 6 年，直到拿破仑一世搬进了卢浮宫。

他在 5 年内修的建筑比所有的前辈在 700 年内修建的还要多。3 个世纪以前想到的宏伟的设计图留给了拿破仑三世来完成，当它竣工后，卢浮宫变成了皇家庆祝活动的场所，富丽堂皇是拿破仑三世修建任何东西的特点。这样，直到拿破仑三世时，卢浮宫整个宏伟建筑群才告以完成，前后将近 600 年。

位于巴黎西南 18 公里的凡尔赛，是欧洲最宏大、最豪华的皇宫。是人类艺术宝库中的一颗绚丽灿烂的明珠。凡尔赛宫原是一个小村落，是路易十三 1624 年在凡尔赛树林中造的狩猎宫。1661 年法国国王路易十四开始建宫，后又经历代王朝的修葺和改建，该宫于 1689 年全部竣工，历时 28 年落成。

　　1682年5月6日，路易十四宣布将法兰西宫廷从巴黎迁往凡尔赛。1688年，凡尔赛宫主体部分建筑工程完工。1710年，整个凡尔赛宫殿和花园的建设全部完成并旋即成为欧洲最大、最雄伟、最豪华的宫殿建筑和法国乃至欧洲的贵族活动中心、艺术中心和文化时尚的发源地。在其全盛时期，宫中居住的王子王孙、贵妇、亲王贵族、主教及其侍从仆人竟达36 000名之多。在凡尔赛还驻扎有瑞士百人卫队、苏格兰卫队、宫廷警察、6 000名王家卫队、4 000名步兵和4 000名骑兵。为了安置其众多的"正式情妇"，路易十四还修建了大特里亚农宫和马尔利宫。法王路易十五和路易十六时期又修建了小特里亚农宫和瑞士农庄等建筑。

　　1833年，奥尔良王朝的路易·菲利普国王下令修复凡尔赛宫，将其改为博物馆。

　　凡尔赛宫宫殿为古典主义风格建筑，立面为标准的古典主义三段式处理，即将立面划分为纵、横三段，建筑左右对称，造型轮廓整齐、庄重雄伟，被称为是理性美的代表。其内部装潢则以巴洛克风格为主，少数厅堂为洛可可风格。正宫前面是一座风格独特的"法兰西式"的大花园，园内树木花草别具匠心，使人看后顿觉美不胜收。而建筑群周边园林亦是世界著名。它与中国古典和皇家园林有着截然不同的风格。它完全是人工雕琢的，极其讲究对称和几何图形化。

　　凡尔赛宫镜厅，又称镜廊，被视为法国路易十四国王王宫中的一件"镇宫之宝"，以17面由483块镜片组成的落地镜得名。它是法国的凡尔赛宫最奢华、最辉煌的部分，厅长76米，宽10米，高13米。镜厅墙壁上镶有17面巨大的镜子，每面镜子由483块镜片组成，反射着金碧辉煌的穹顶壁画。镜子相对视野极好的17扇拱形落地大窗，透过窗户可以将凡尔赛宫后花园的美景尽收眼底。镜厅一直以来被誉为法国王室的瑰宝，无数面巨大的铜镜反射着从后花园映进的光芒，这里是路易王朝接见各国使节时专用的宫殿。

英国古典主义建筑

圣保罗大教堂是世界第二大圆顶教堂，它仅次于罗马的圣彼得大教堂，大教堂的建筑设计师是克里斯托福·雷恩爵士。他按照竖长横短的十字架形状而构思设计，可谓别具匠心。教堂的中殿高180英尺，加上圆顶，总高度达366英尺，在欧洲所有教堂中名列第二。教堂里的雕塑和壁画分别是格林·吉伯和詹姆士·浮弗等艺术大师的作品，为传世珍宝，据记载，当年教堂施工期间，克里斯托福·雷恩爵士亲临现场指挥，历尽艰辛，现在，这位建筑大师仍长眠于教堂的地下室，一块黑色的大理石墓碑铭刻着他的不朽功勋。大教堂内还有一口名叫"大汤姆"的钟，每当英国王室成员、伦敦大主教及重要人物去世，"大汤姆"钟总以自己深沉的钟声寄托哀思。

怀旧与模仿——古典主义绘画

古典主义画派是从17世纪至19世纪流行于欧洲各国的一种文化思潮和美术倾向。它利用古代的艺术精神，以古希腊的雕塑和文艺复兴时期大师们的绘画为典范，塑造一种类型化的艺术形象，表现某种哲理和现实，宣传一种理想化的崇高境界，被人们称为古典主义绘画。它发端于17世纪的法国，从17世纪到19世纪，法国古典主义绘画的发展先后有三种不同的艺术倾向，即以普桑为代表的崇尚永恒和自然理性的古典主义、以达维特（大卫）为代表的宣扬革命斗争精神的新古典主义和以安格尔为代表的追求完美形式和典范风格的学院古典主义。

普　桑

论成就、论影响，17世纪的法国画家中，似乎无谁能与尼古拉斯·普桑（1594—1665）相比，说他是法国画坛第一人，毫不过分。他的作品多以神话、宗教和历史故事为题材，富有深度思想与象征意义，辅以自然景色的描写，画作气氛含蓄而宁静，充满田园诗般的抒情味道。《阿卡迪亚的牧人》正是从古代希腊罗马汲取的创作灵感。阿卡迪亚，原是古代希腊伯罗奔尼撒中部的一个城邦，后来被文艺复兴时期的诗人们描写成理想的幸福乐园，一种高尚风范的乌托邦。画上展现一块宁静的旷野之地，和煦的阳光照在仅有几棵荒疏林木的墓地前，背景是一片明净的蓝天。四个牧人，头戴花冠，各拿牧杖，正围在一块墓碑前在研读着铭文。一个连腮胡须的牧人跪着读出碑上铭文，并回过头来向右侧的一个女牧人说着什么，石上的拉丁铭文是："即使在阿卡迪亚，我，死神，也永远存在。"铭文的意思似乎是说："在美好的乐土里，死也是不可避免的。"显然，这是一种"风光虽好，人生苦短"的感叹。我们从左侧一个伏在墓顶上的牧人的表情看，他低着头，似有缅怀之情，与左边站立着的女牧人形成对比。女牧人身着黄衣蓝裙，是画面最显眼的色彩。这个女性形象费人猜思，据说，她是美好人生的象征。她虽含颔垂首，默默倾听铭文，却给人以一种抚慰感。疑虑与抚慰，惆怅与哀思，围绕着一个人生的哲理问题，让人紧紧思索。这里的女牧人与男牧人构成了形象化的一种情绪对比，似乎隐隐地向观者表白："死何足惧？阿卡迪亚毕竟是世人向往之地。"

普桑的绘画具有全部的古典主义艺术的特点和效果，他的艺术饱含着思想，只有在思想中才能感受到人类的伟大。这就是古典主义的精神。特别是他提倡并强调艺术的朴素和庄重，提倡一种永恒、和谐、理性和宁静的艺术特色，表现出一种严肃的古典美，画面由简洁和明显，单纯和准确构成，这是古典美的核心，也是画家对人类理性的信任和赞颂。普桑是法国古典主义绘画的奠基者，他超人和卓越的艺术才能受到人们的普遍尊重和爱戴，对后世影响深远，尤其是对17世纪末的欧洲绘画和18世纪形成的学院绘画产生了巨大影响。

雅克·路易·达维特（大卫）

18世纪下半叶，古典文化又一次在美术领域复苏，涌现出一大批新古典主义画家和雕塑家，其中最重要的人物，当数雅克·路易·达维特（或

译作大卫）（1748—1825）。达维特不仅是法国杰出的画家，而且还是法国大革命时期的社会活动家。他常常选择古希腊、罗马历史中的英雄人物故事为题材进行作品的创作。在形象塑造上，以古代雕塑为范本，力求表现人物的共性，构图上力求严谨、均衡，对素描的追求超过了对色彩的注重。在形式上，力图用古典的法则来"改造"实际生活中的物象，表现一种静穆而严峻的美。

确立起达维特巨大声名的作品是鲜明体现着新古典主义精神的大幅油画《荷拉斯兄弟的宣誓》。这幅画取材于法国17世纪古典主义剧作家高乃依的作品《荷拉斯》，表现的是古代罗马的故事，画家所描绘的就是三兄弟在民族危难之际，出发去战斗之前向他们的父亲宣誓的情景。画面氛围英勇、壮烈、庄严，前景时纵横的线性几何图，与后面洛可可风格的曲线构成的女性世界形成鲜明的对比。画面中央年迈的荷拉斯准备分发宝剑给三个儿子，三兄弟伸出右手向宝剑宣誓，老父亲举起右手，祝他们旗开得胜。画面的右角，是三勇士的母亲、妻子和妹妹。母亲担心这次出征凶多吉少，哀痛的心如刀绞；一个女人搂着自己的孩子泣不成声；而勇士的那个姐妹的心情更为复杂，她已许给了敌方勇士，任何一方的死伤，都将是自己的不幸。画家在这里采用多侧面揭示人物心理状态的手法，使这幕悲壮的戏剧场面具有丰富的可读性。妇女的哭泣与前面三个勇士的激昂气概，形成了鲜明的对照，从而更加强了主题的思想性。他们为了民族兴亡，为了罗马的共和制，将牺牲个人和家庭的幸福，这是多么可歌可泣！

达维特热情地支持拿破仑，他用自己的画笔，一次次地歌颂这位历史巨人——骑在战马上指挥大军的将领，深夜工作在书房的皇帝，从不同角度体现了拿破仑的伟人形象。《加冕式》这幅巨型历史画，更是他礼赞拿破仑的压轴之作。

拿破仑拒绝跪在教皇前让其加冕，而是把皇冠夺过来自己戴上，达维特为避免这一事实，煞费苦心地选用皇帝给皇后加冕的后半截场面，这样既在画面上突出了拿破仑的中心位置，又没有使教皇难堪。这幅作品的构图宏伟且完美统一，包括了200名姿态表情各异的人物，它充分发挥了画家的素描造型与色彩写生的卓越才能；出场人物个个肖似，色彩服从整体构思，金光闪烁，富丽堂皇，表现了人物衣着与殿内环境的强烈质感。古典主义绘画的严正性达到如此境地，这在画家中可谓无以复加了。

作为政治活动家与画家的达维特，他的确存在着不可避免的历史局限性，但他的艺术却也鲜明地反映了他那个时代的历程。他的《荷拉斯兄弟的宣誓》《布鲁特》《马拉之死》《网球厅宣誓》是法国近代革命史的真实写照，而这一系列艺术创造是用一种新古典主义艺术原则来完成的，它对于法国以至欧洲19世纪的艺术有着重大的影响。司汤达曾说："达维特的艺术是严肃的、雄伟的，有激动人心的感染力。因为它饱含着生活的真理，因为它跳动着时代的脉搏，还因为它反映了艺术家真诚的信仰和激情，所以能唤起观众。"达维特的墓碑上铭刻了"法兰西近代画派的复兴者"几个大字，以表彰他的光辉艺术的一生。

安 格 尔

让—多米尼克·安格尔（1780—1867）是法国古典主义学院派的重要画家，是达维特的学生和追随者。安格尔是坚定的新古典主义者，他十分崇拜希腊罗马艺术和拉斐尔的作品。在肖像画和表现女性裸体等方面取得了独特的成就。古典主义艺术由达维特到安格尔是一个转折点，在内容上由革命的、与时代相关的事件转向了脱离现实的神化和纯艺术的表现，在形式上由严格的古典主义风格走向了带有华丽东方色彩的古典主义。

安格尔善于把握古典艺术的造型美，把这种古典美融化在自然之中。

他从古典美中得到一种简练而单纯的风格，始终以温克尔曼的"静穆的伟大，崇高的单纯"作为自己的原则。在具体技巧上，"务求线条干净和造型平整"。因而差不多每一幅画都力求做到构图严谨、色彩单纯、形象典雅，这些特点尤其突出地体现在他的一系列表现人体美的绘画作品中，如《泉》《浴女》《大宫女》《土耳其浴室》等。

这位古典主义绘画的末代风流画家，吸收文艺复兴时期前辈大师的求实的技巧，使自己的素描技巧发挥到炉火纯青的境地，所不同的是马萨卓、米开朗琪罗、乔尔乔奈等大师的裸女体现的是一种充满人性的时代理想，而安格尔在裸女上所寄予的理想，则是"永恒的美"这一抽象概念。究其实，乃在于寻求以线条、形体、色调相谐和的女性美的表现力。晚年，安格尔画了这一幅《泉》，则进一步反映了画家对美的一种全新观念，那就是他深深觉得用精细的创造手段创造一种抽象的古典美典范的必要性。76岁高龄的安格尔，终于在这一幅《泉》上，把他心中长期积聚的抽象出来的古典美与具体的写实少女的美，找到了完美结合的形式。他在这幅画上展示了可以得到人类普遍赞美的恬静、抒情和纯洁性。有一位评论家参观了《泉》后说："这位少女是画家衰年艺术的产儿，她的美姿已超出了所有女性，她集中了她们各自的美于一身，形象更富生气也更富理性化了。"这幅画引起了人们极大的兴趣，当时争相抢购有五个卖主争执不休，而后被杜夏特尔伯爵买去，后来他将画赠给卢浮宫博物馆，成为卢浮宫的第四件镇馆之宝。

三杰铸就维也纳古典乐派

古典主义艺术，首先发生在文艺领域中，它以恢复希腊、罗马的古典艺术为目的，注重形式上的匀称和协调，主要放眼于追求客观的美。在巴洛克时代的意大利，古典主义已经开始萌芽，直到后来海顿、莫扎特和贝多芬在维也纳的出现，古典主义音乐才得以形成。因此，古典乐派实际上指的是维也纳古典乐派。

以"交响乐之父"海顿、"音乐天才"莫扎特和"乐圣"贝多芬为代表的维也纳古典乐派，在音乐史上树立了一座不朽的丰碑。这一乐派的主要特征是反映人类普遍的思想要求，他们追求美的观念、强调风格的高雅，给予人们乐观向上的进取精神。

海顿、莫扎特、贝多芬的音乐创作都有其个性化的风格特征，海顿的音乐中明朗、快乐的情绪占主导地位（最有成就的领域是交响乐、室内乐和清唱剧）。莫扎特的音乐早期风格有精致、典雅的特点，晚期创作风格则交织着抒情与戏剧性因素（其创作涉及声乐和器乐的广泛体裁，其中歌剧创作居首要地位）。而贝多芬所创作的音乐的突出特征是"通过斗争，取得胜利"的英雄般的毅力和信念，其音乐还富于哲理和戏剧性风格（最擅长的领域是器乐，其中以交响曲和奏鸣曲最为出色）。

尽管他们的音乐创作有其独特的风格特征，但是他们在思想和艺术上都有共同的基础，这也是形成维也纳古典乐派的原因之所在：他们都具有

乐观主义的人生态度；在艺术上他们都遵循现实主义的创作原则，作品具有人道主义倾向和鲜明的时代感，同时吸取民族民间的营养，使其创作成为他们和大众精神世界的缩影和财富；在艺术特色上，他们的作品确立了主调和声风格的主导地位，同时又创造性地运用复调对位手法进行创作；在创作上他们强调理性支配情感，在形式上结构严谨，音乐语言简洁、洗练；在体裁方面，他们继承了欧洲主调和复调音乐的成就，并且进一步确立和完善了近代奏鸣曲结构、管弦乐的基本编制以及交响曲、协奏曲、三重奏、四重奏等器乐套曲的体裁和形式。

由此，以他们三个人为中心的维也纳古典乐派的音乐风格特征，也就代表着整个欧洲古典主义音乐的风格特征。

海　顿

被人称为"交响乐之父"和"弦乐四重奏之父"的奥地利作曲家佛朗兹·约瑟夫·海顿（1732—1809）出身贫困，从小在很艰苦的条件下学习音乐，作曲主要靠自学，成年后长期担任乐队队长，成为当时首屈一指的音乐家。

海顿主要从事主调音乐的创作，是他确立了"弦乐四重奏"和古典"交响曲"的结构形式，把交响曲固定为4个乐章形式，以完整的交响乐队编制进行配器，为近代交响乐的发展奠定了基础。

海顿一生的作品颇丰，包括108首交响乐、84部弦乐四重奏、52首钢琴鸣奏曲、125首三重奏、10部清唱剧和康塔塔、12部弥撒和24部歌剧，其中较著名的交响曲有《告别》《时钟》《狩猎》《惊愕》《军队》《伦敦》《牛顿》等。

海顿对音乐的热爱，对人生、世界、自然所持的豁达态度和他乐观坦然的性格，以及１８世纪下半叶奥地利松动自由的信仰环境，使他的音乐里充溢着健康、质朴、幽默、轻松的情趣。他的音乐风格与奥地利维也纳丰富的城市音乐和民间音乐紧密相连，清新明快的旋律、简明清晰的和声织体、合理匀称的结构、别出心裁的细节处理，以及从力度对比的出人意料到不规律的节奏等，都导致海顿的音乐与众不同，既不同于前期或同时期的作曲家，也区别于莫扎特或贝多芬，他所完善的维也纳古典主义风格与样式，还需要由后辈去继续充实和发展。海顿受到启蒙时期的思想影响，始终坚持音乐能给人以幸福和鼓舞的信念，但他毕竟属于法国大革命时代以前的人物，而那个更富于强烈激情的时代，是属于贝多芬的。

海顿是维也纳古典乐派器乐风格的真正的奠基者，而莫扎特、贝多芬的器乐成就都是在他的基础上发展起来的。

莫　扎　特

被称为"音乐神童"的奥地利作曲家沃尔夫岗·阿马德乌斯·莫扎特（1756—1791）于1756年1月27日出生于奥地利的萨尔斯堡一个宫廷乐师之家。"神童"和"天使"是人们给予他最常用的两个代名词，而他更是音乐学界所公认的作曲天才。然而这位音乐天才却在35岁那年因病早逝，即便如此，他所遗留下来的有编号的音乐作品也多达600余部。

从莫扎特身上明显地体现出一种一个阶级处于上升时期所具有的坚定、乐观的阶级意识。莫扎特的音乐语言很平易近人，形式结构很清晰严紧，而作品包含的思想感情又比较深广。他很巧妙地使这三者取得很好的平衡和结合。

歌剧是莫扎特在音乐创作上的重要领域，他的歌剧具有强烈的音乐感染力。莫扎特提炼了至18世纪中晚期为止西方歌剧与器乐发展的成熟经验和原则，并且很好的综合运用到他的歌剧创作中，代表作是《费加罗的婚礼》、《唐璜》和《魔笛》。交响曲和协奏曲是莫扎特音乐创作中的另一重要领域，莫扎特的交响曲创作，经历了深刻的变化过程，从娱乐性和装饰性，逐渐发展成具有丰富而深刻思想感情的抒情性和戏剧性器乐曲的高级艺术形式，这是远离海顿而预示后来贝多芬风格的变化。

莫扎特在短短的一生中创作了数量惊人的作品，并且无论在歌剧、交响曲、协奏曲、奏鸣曲、室内重奏、宗教体裁以及娱乐性的器乐曲、舞曲等等领域里他都写出了非常优秀的、超过自己前辈和其他同时代作曲家的重要的作品。不可否认，莫扎特是欧洲音乐发展史中罕见的天才作曲家。莫扎特短短的生命，给人类留下如此巨大的财富，他的音乐体现了古典主义时期最完美的风格和对纯真音乐的理想。他和海顿一起，建立并完善了多种音乐体裁形式，并将这些体裁形式所能承载的内容含量与精妙的表述结合到天衣无缝的程度。

贝 多 芬

贝多芬（1770—1827）被誉为"乐圣"。9部不朽的交响曲是贝多芬一生奋斗以及精神境界的写照，而他的许多器乐奏鸣曲、协奏曲、序曲、歌剧等更是一个革命时代的象征。贝多芬一生创作了无数的音乐作品，并且在海顿、莫扎特之后凭着自己的生活经历和内心的激情，对某些领域作出了改革。是集古典主义之大成，开浪漫主义之先河的承上启下的伟大人物。

贝多芬的创作分为三个时期：1792—1802年间他的作品主要遵循海顿和莫扎特的模式；1803—1816年标志着他进一步的创新、变化，他作品的表现幅度从细致和温和直至巨大的张力和力量，形成气质和速度的强烈对比；1817—1827年间，他已摆脱掉古典主义的僵化模式，创作了一系列规模庞大的表现个人感受的作品。

贝多芬在器乐创作里取得了空前的成就，包括9部交响曲、11首管弦乐序曲和戏剧配5首钢琴协奏曲、一首小提琴协奏曲、16首弦乐四重奏及其他各种形式的重奏曲，奏鸣曲体裁是他重要的器乐领域，包括32首钢琴、10首小提琴奏鸣曲、5首大提琴奏鸣曲，还有变奏曲等独奏或重奏形式。在声乐领域的创作设计了歌剧、清唱剧、弥撒、康塔塔、合唱幻想曲和大量的艺术歌曲等，并且在《第九交响曲》中运用了合唱，还改变了苏格兰、爱尔兰等民族的民歌。

贝多芬对人类的美好未来，抱有不可动摇的信念。在他一生的创作道路上，始终忠实于法国大革命所唤醒的思想，即或在封建复辟后的重压之下，他仍能坚持共和主义理想。如此可贵的世界观，引导他为人类谱写出无数不朽的光辉篇章。他的音乐风格具有严肃的社会性、鲜明的英雄性与戏剧性、浓郁的生活气息与群众性，在贝多芬的《田园交响曲》和《F大调第八交响曲》中充分体现出了贝多芬对生活的理解。贝多芬的创作牢固地建立于德奥民间音乐的基础上，洋溢德国歌谣中所特有的那种恳切而淳朴的情感。

德国古典主义与浮士德精神

18世纪，德国在英、法等先进国家的影响下，也开始了启蒙运动，从18世纪中期开始，出现了一批伟大的思想家、文学家、艺术家，从而把德国的哲学、文学、音乐都推进到了全欧先进的水平。德国18世纪后期发生一起声势浩大的文学运动，即"狂飙突进运动"，德国文学的代表人物歌德和席勒在狂飙突进运动中成长起来，并成为18世纪末期的"魏玛古典主义时期"的主要代表。

席　勒

约翰·克里斯朵夫·利德利希·席勒（1759—1805）是德国著名诗人、剧作家和文艺理论家，他在德国文学中的地位仅次于歌德，其戏剧创作的代表作是《阴谋与爱情》。《阴谋与爱情》是席勒创作的著名悲剧，是狂飙突进运动后期最成熟的一部作品。剧本讲述在宰相及其秘书的政治阴谋下，宰相之子和音乐师女儿的恋爱悲剧，反映了进步青年要冲破封建制度、追求平等自由的思想。《华伦斯坦》《威廉·退尔》等是席勒后期的代表剧作。这些作品摆脱了早期狂飙突进运动的束缚，成为德国古典主义文学的代表：着力表现完整和谐的人物形象，强调现实主义和理想主义的结合，追求艺术形式的完整和语言的纯洁。

歌　德

约翰·沃尔夫冈·歌德（1749—1832），是一个集批评家、新闻工作者、画家、剧院经理、政治活动家、教育家和自然哲学家等多种身份于一体的世界文学巨匠，他也许是力图像文艺复兴时期的文化巨人那样争取成为多面手的最后一个欧洲人。歌德的创作生涯长达60多年之久，创作了大量优秀的抒情诗、戏剧和小说，被誉为当时德国文学的"宙斯"。他的抒情诗《五月之歌》《野玫瑰》《欢会与离别》，小说《少年维特的烦恼》和诗剧《浮士德》等已经成为不朽的世界名著。反对封建黑暗势力，追求社会进步，探索人生和社会理想是他作品总的倾向。在艺术上，浪漫主义和现实主义相结合，作品形式多样，形象意义丰富深刻，语言生动精炼是他创作的显著特点。

《浮士德》被别林斯基称为"我们时代的《伊里亚特》"，它是歌德以毕生心血完成的杰作。从酝酿构思到最后完成花了60年时间。早在斯特拉斯上学时他就有些浮士德的想法，1773年正式着手写作，1775年初写出部分初稿，当时他年仅26岁。后来，由于在魏玛做官而中断写作，1786年去意大利后又恢复创作，1790年发表部分片断，此时歌德年届40岁。1794年后歌德在席勒鼓励下继续写作，1806年歌德50岁时完成第一部。此后花了较长时间构思第二部，直到1825年他70岁时才集中精力写作，1831年歌德去世前不久才最后完成。1832年他在一封信上说："我对《浮士德》的构思已超过60年之久，青年时期已了然于胸，不过对于情节先后顺序安排未详予规定。"由此可见，这部作品贯穿了歌德全部写作生活，而这60年正是欧洲发生一系列重大历史巨变的时代。歌德亲身经历这些变化，他的思想不断发展，这部作品也就有了巨大的概括意义，概括了歌德世界观

发展的全过程，也概括了欧洲资产阶级思想发展的过程，是一部具有历史总结意义的史诗性作品。

浮士德形象

《浮士德》所选取的题材在欧洲是老少皆知的，早在中世纪后期，欧洲各国就流传着关于浮士德的故事。它最初是德国民间故事，主人公浮士德原系真人，是跑江湖的魔术师、星象家，死后留下许多传说。1587年出版过一本《约翰·浮士德生平》的书，其中说他与魔鬼签订合同，活着时魔鬼满足他一切要求，死后灵魂归魔鬼支配。因此，浮士德不外乎是贪图享受、用灵魂换取快乐的享乐主义者。后来还有很多作家写过浮士德，如克里斯多夫·马洛、莱辛、克林格尔等。

歌德的《浮士德》创造性地运用了这个古老的题材，无论在情节上还是在人物形象上都进行了大量改造，使浮士德成为一个性格极为丰富复杂的形象，也使故事富有一种高度哲理性和艺术性统一的美。在哥德的作品中，浮士德成为一个不断探索人生真理、不断追求的形象。实际上，在这里浮士德只不过是个象征性人物，他的人生探索反映的是作者的人生观和人格理想；从广义说这个形象也概括了18世纪德国先进资产阶级知识分子的思想发展过程；从更广的意义上讲，浮士德的探索象征着从文艺复兴到19世纪初300年间欧洲资产阶级精神发展的历史，或者说表现了上升时期进步资产阶级精神探索的历史。

浮士德精神

《浮士德》歌颂了崇高的进取精神。在诗剧中，浮士德是象征性形象，是一个资产阶级先进知识分子形象。他的性格的本质特征便是那种永不满足、不断追求的进取精神，一种自强不息的精神，这就是所谓"浮士德精神"。而这正是处于上升时期的进步资产阶级知识分子革命性的表现。歌德通过浮士德在这种精神驱使下不断追求的过程，展示了欧洲资产阶级知识分子从文艺复兴到空想社会主义的思想探索过程。

同时，歌德把浮士德作为人类的代表，意在总结人类的命运，人类的探索经历（《天上序幕》中上帝与魔鬼打赌，争论的问题就是人类的追求到底有无意义，人类会不会进步）。人类认识到自身的局限，自己在宇宙中的微不足道，在此基础上探索生命的意义。这样浮士德的精神又是人类进步精神的体现。正如郭沫若所说："《浮士德》是一部灵魂的发展史，是一部时代精神的发展史。"

《浮士德》体现了强烈的批判否定精神。诗剧是对资产阶级300年思想探索的历史总结，其间贯穿着强烈的批判精神。这种批判精神主要表现在两个方面：一是对现实丑恶的揭露批判，如对中世纪僵死的经院哲学、伪科学的批判；对德国落后封建的小市民社会愚昧庸俗习气的批判；对封建王朝内部丑恶和资本主义发展之初带来的罪恶的批判（为了目的不择手段，"有强权就有公理"，战争、海盗、买卖三位一体）等。二是作品对主人公探索过程中表现出的失误作了无情的批判和否定：脱离实际的知识追求；低级的官能享受和狭隘的个人幸福的追求；为王权服务的妥协道路等。主人公正是在否定之中逐步发展成长的。他不断否定现实，否定自己，才找到了前进的勇气、动力和方向。这种批判否定精神表现了歌德的伟大。

诗剧《浮士德》还贯穿着深刻的辩证法精神。作品告诉我们，在浮士德身上（即人类身上）存在两种矛盾的倾向：一种是不满现实、驰目远方的精神；另一种是贪图安逸、易于弛靡的思想。这两种矛盾的精神非常和谐地存在于人之中，使人成为复杂的对立统一的存在物。浮士德说："有两种精神

居住在我们心胸，一个要想同另一个分离！一个沉溺在迷离的爱欲之中，执拗地固执着这个尘世，另一个猛烈地要离去凡世，向那崇高的灵的境界飞驰。"歌德认为正因为人具有惰性的一面，所以上帝要创造出魔鬼来刺激人、鼓舞人，推动人类前进。这里就表现出辩证思想，就是说善与恶并不是绝对对立的，而是互相依存的互相转化的，恶的作用并不全在破坏，它还是人类前进过程中不可缺少的动力，人类就是要在同恶的斗争中不断克服自身矛盾而取得进步，向更高的境界迈进。在作品中，靡非斯特是恶的化身，是否定精神的代表，"犯罪、毁灭、更简单一个字'恶'，这便是我的本质"。他贯穿全剧的始终，几乎与浮士德居于同等地位，在每一个有浮士德的地方必有靡非斯特。他对于浮士德是一个永恒的矛盾，是一个障碍，同时又是一种激发的力量。每当他引诱浮士德，浮士德惰性的一面居上风时，浮士德就犯错误。但浮士德有崇高境界追求的一面，这促使他从错误中获得教训，向更高境界飞驰，终于找到真理。所以靡非斯特从反面推动了浮士德不断前进，他成了动力。因此，恶就不单是破坏，它也能造善。正如他说："我是作恶造善的力于一体。"当然恶之所以能造善，主要还是善本身（即浮士德精神），正因为人身上有善的因素，恶才无法使其成为恶，所以诗的最后天使唱道："凡自强不息者，我辈均得救。"歌德说浮士德得救的秘诀就在这里，人类的命运也在这里。从浮士德与靡非斯特的辩证关系中歌德告诉我们：人类前进的道路是曲折的，充满着矛盾。但只要人类一心向善，就不会堕落，人类由于主客观原因总会犯错误，但只要有自强不息的精神就能克服困难不断前进。这是《浮士德》的精华所在。所以《浮士德》最后不是悲剧，人类最终也不会是悲剧。浮士德认识到生活的真理，输掉了，但靡非斯特同样输了，万能的上帝是对的。浮士德虽然一生犯了很多错误，但他总能得到什么是美好正确的东西。人只要奋斗，就会犯错误，但只要追求，才能够实现其本质。人的毁灭在于绝对追求的停止。

奔放张扬的英国浪漫主义文学

英国的浪漫主义文学兴起于18世纪末，代表了19世纪欧洲文学的最高成就。英国浪漫主义文学作家可分为两代。

第一代的代表是威廉·华兹华斯（1770—1850）、萨缪尔·柯勒律治（1772—1834）和罗伯特·骚塞（1774—1843）。他们早年都热烈欢迎法国大革命，后来因对雅各宾专政感到恐惧，转为消极遁世，有的甚至反对革命。他们都憎恶资本主义城市文明和冷酷的金钱关系，于是远离城市，隐居于昆布兰湖区，寄情山水或缅怀中世纪的宗法社会。他们创作出歌颂大自然或美化宗法制农村生活方式的诗篇，以抵制丑恶的资本主义现实，因此被称为"湖畔派诗人"。

华兹华斯

华兹华斯是一位寄情山水、从大自然里寻找智慧和力量、寻求慰藉和美感的诗人。他的代表作是他与柯勒律治合写的《抒情诗歌谣集》。他在《抒情诗歌谣集·序言》里提出浪漫主义诗歌的理论和方法，使它成为英国浪漫主义的宣言。他认为"诗和人是自然的形象"，"所有好诗，都是强烈情感的自然流露"，诗人"是人性最强的保卫者"。他的许多诗作都表现了他在大自然中的狂喜心态。在他看来，自然不是单纯的自然。他意识到

是自然本身把他引导了超越自然的境界。这种境界便是对永恒真善美的追求，是对终极真理、道德感化、崇高理想的深刻领悟及切实把握。通过对人类、自然、神性这三者关系的探索，他期望叩开通往人生与人性理想之国的大门。华兹华斯重视继承民间诗歌的艺术传统，提倡用民间的纯朴的语言来写诗人的真实感受，主张诗歌语言散文化，反对矫揉造作的"诗的词藻"。他的《丁登寺》被认为是不朽之作，其他重要作品如《序曲》、组诗《永生的了悟颂》、《露西》、抒情诗《孤寂的刈麦女》等都极有名。华兹华斯不仅在描绘自然和渗透自然方面发展了英国诗歌，在古典主义文风走向绝路的时候开辟了英国诗歌运动的新航向，而且在对自然和人生的细微探索、对主观世界和客观世界的深层把握、对传统哲学的思考、对永恒真善美理想的反思等方面，都将英国诗歌向前推进了一大步。他对自然与人生之复杂关系的揭示和剖析，他的思想体系的确立与隐含在这一体系之中的自我否定倾向，都对20世纪直至当代的一大群诗人和诗评家有着深刻的启迪。他对人类世界的巨大隐忧同20世纪诗人对人类前景的痛切关怀存在着紧密地传承关系。从这个角度来说，华兹华斯应被视为一位具有现代意识的浪漫主义诗人。

柯勒律治是"湖畔派"另一重要诗人。他的诗具有奇幻神秘的色彩，代表作《古舟子咏》描写一个老水手因杀死一只随船飞行的鸟，遭到上天的惩罚。通过老水手奇特的航海经历，探讨了犯罪与赎罪的问题。骚塞就不如以上二人，其短诗《书斋咏怀》在故纸堆里找知音，表现了与世俗的对抗。

第二代的代表是拜伦、雪莱、济慈和司各特。他们是在19世纪初期欧洲资产阶级民主革命运动和民族解放运动高潮的影响和推动下，继"湖畔派诗人"而崛起的新一代。他们的创作表现出争取自由和进步的民主倾向，艺术上完成了湖畔派诗人开始的革命，丰富和发展了诗歌的形式和格律，增强了诗歌形象的绚丽色彩和语言的音乐性。

拜　伦

乔治·戈登·拜伦（1788—1824）是19世纪初英国诗坛上的巨擘。他不仅以其激动人心的壮丽诗篇讴歌自由、抨击暴政，而且以剑、以炮、以献身精神参加被压迫民族争取解放的斗争。

拜伦出身于贵族家庭，一生游历各地，其诗作充满异域情调。代表作《唐璜》是对资本主义制度的一场深入骨髓的检阅，发人深省。在欧洲，拜伦成为一种文化现象。人们把孤独、悲壮、崇尚个人式反抗的浪漫主义者形象称为"拜伦式英雄"。拜伦晚年投身于希腊的民族解放运动，并最终因伤寒而死于希腊战场。

《恰尔德·哈罗德游记》是拜伦的代表作之一，记录了拜伦的两次欧洲游历和他对当时重大事件的评论，创作过程历时8年（1809—1817）。长诗的主人公恰尔德·哈罗德是英国的一个对贵族社会的庸俗放荡的空虚生活感到厌倦的公子，他孤独、忧郁、苦闷，愤世嫉俗又无能为力，便决定出游国外。他首先来到葡萄牙、西班牙，为西班牙人民所受的国内外统治者的无情蹂躏而发出深深的感叹（第一章）。接着他来到阿尔巴尼亚和希腊，看到希腊人民在异族统治下的悲惨生活，不由得联想到他们的光荣历史和伟大的先人（第二章）。第三章里，主人公来到了比利时，凭吊滑铁卢，把拿破仑与"神圣同盟"的军队进行了比较评说。来到日内瓦后，主人公面对美丽的自然风光，情不自禁地歌颂起法国大革命的先驱——启蒙主义者伏尔泰和卢梭。第四章描述了在奥地利皇朝统治下的意大利的屈辱分裂的社会现实，长诗回顾了意大利的光荣历史，想以此来激励意大利人民对暴政的反抗。长诗在对大海威力的歌颂中结束。

诗体小说《唐璜》是拜伦后期的代表作，被歌德称赞为"决定天才之作"。长诗前六章描写出生于西班牙的主人公唐璜的身世和恋爱生活，对

虚伪的封建道德标准表示蔑视，这六章虽然揭露了上流社会，但更多的是描写异邦情调，情节离奇。七、八、九三章叙述1790年的俄土战争，俄国军队在苏沃洛夫将军率领下攻占了伊兹迈尔。作者写到战争的巨大创伤和破坏，并且指出这不是为自由而战，而是为了权威和荣誉。长诗的最后六章是一幅英国社会生活图。这部长诗主要通过政府性的揭露和现实主义的描述，表达了拜伦对封建专制和金钱统治的轻蔑和仇视。唐璜爱情生活的描写占去许多篇幅，但唐璜在作品中主要只起了贯串故事、展示社会画面的作用。《唐璜》中辛辣的讽刺、诙谐的剖析、诗意的描写、政论性的揭发等，使这部长诗在内容和风格上都很富于多样性。

拜伦是这一时期欧洲最有影响的作家之一，他的作品引起了广大读者的共鸣。当时欧洲许多著名作家，有的对他的作品作了很高的评价，有的受到他的影响，如法国的雨果、俄国的普希金、德国的歌德、波兰的密茨凯维奇等。

雪　莱

在英国诗坛上和拜伦齐名的是波希·彼希·雪莱（1792—1822）。雪莱是英国诗歌中第一个表现空想社会主义思想的诗人，他和拜伦把英国的浪漫主义文学推向高峰。

雪莱写过长诗、诗剧、政治诗、抒情诗等多种题材的作品，其中最著名的有长诗《麦布女王》《伊斯兰的起义》等。在这些诗篇里，诗人揭露谴责封建暴政、宗教迷信，揭露统治者和教会的罪恶，否定一切形式的压迫和剥削，宣传平等思想，号召人民起来斗争。代表作是诗剧《解放了的普罗米修斯》（1891），作品以饱满的政治热情和乐观主义精神，宣告了暴君倒台和人人自由、平等的沐浴在人类爱的光辉中的"没有暴力，没有暴君，人们……像精灵一样自由"的理想社会必然出现。雪莱描写大自然的抒情诗也非常出名，如《西风颂》《致云雀》和《云》等。预言美好社会必将来临的名句"如果冬天来了，春天还会远?"就出自《西风颂》。雪莱的创作不仅对欧洲，尤其对后来的宪章派诗歌产生了重大影响。

济　慈

济慈的墓铭为："这里躺的是一个姓名写在水上的人。"这是诗人自己撰写的。

约翰·济慈（1795—1821）是英国浪漫主义文学中最有才气的一位奇特诗人。他的创作生涯虽然只有短短的 5 年，却留下了丰富的作品。济慈诗歌创作的最高目标便是对"美"的追求，他的诗歌反映了现实和理想、俗世与乐土、死亡与不朽、短暂与永恒、现实原则与快乐原则之间的冲突。他善于从神话传说中攫取素材，运用丰富的想象力构造出波谲云诡、迷离恍惚的艺术境界，有很强的立体感和色彩感。他的代表作有《夜莺颂》《希腊古瓮颂》《蝈蝈和蟋蟀》和《灿烂的星》等。

司　各　特

瓦尔特·司各特（1771—1832）是欧洲历史小说的创始人。司各特以苏格兰、英格兰和欧洲其他国家的历史为题材，善于描写历史上的社会矛盾和民族矛盾。著名作品有《艾凡赫》《清教徒》《罗伯·罗伊》和《昆丁·达沃德》等。司各特的历史小说继承了18世纪英国现实主义小说的传统，善于通过人物的遭遇来反映社会生活和社会历史，为批判现实主义文学的形成提供了条件，并对欧美许多著名作家，如萨克雷、狄更斯、雨果、巴尔扎克、普希金、库柏等产生过影响。

人文思想的曙光——法国文学

　　18—19世纪之交的法国，是一段动荡的历史。1789年革命胜利后的40年内，法国资产阶级和封建贵族展开了你死我活的拉锯战。封建贵族借助国外的反动势力不断向新政权发起反扑，在这种外部力量的压迫下，资产阶级各派势力的角逐也此起彼伏，社会始终处于不安定状态。跌宕起伏的历史进程，造成了复杂多向的社会心态。革命的胜利、《人权宣言》、共和国宪法、拿破仑的业绩，都曾激起人们高昂的热情；革命的严峻和过分暴力，也造成了恐怖的情绪和思想的混乱；革命后的利益分配，特别是复辟时期大资产者和封建贵族的利益瓜分，使中小资产阶级和广大人民群众感到极度的失望。凡此种种，都给法国浪漫主义文学带来了斑驳的色彩。

　　法国浪漫主义运动是在德、英两国的影响下兴起的，它也是启蒙运动在新的历史条件下的继续和发展。对法国浪漫主义文学具有奠基意义的是两位风格迥异的作家：斯达尔夫人和夏多布里昂。

斯达尔夫人

　　德·斯达尔夫人（1766—1817），原名安娜·路易斯·热尔曼娜·内克。斯达尔夫人的两部理论著作为法国的浪漫主义奠基：《从社会制度与文学的关系论文学》（1800）和《论德意志》（1810），也确立了她作为罕见的女性批评家在文艺理论史上的独特地位。斯达尔夫人对浪漫主义的贡献不止于理论的建树，还在于她的创作实践。世纪之初，她的两部作品《苔尔芬》（1802）和《柯丽娜》（1807）以清新的风格和对妇女问题的关注使她成为卢梭的当然继承者，并开启了浪漫主义文学的先河。

夏多布里昂与拉马丁

弗朗索瓦-勒内·德·夏多布里昂（1768—1848）是一位对法国浪漫主义文学产生深远影响的作家，甚至被人奉为"教父"。1801年的《阿达拉》是法国浪漫主义文学的开山之作，取得了巨大的成功。《勒内》是《阿达拉》的姐妹篇。拉法格的评价是："这是整整一世人们的、充满诗意的自传。这本书包含了日后浪漫派文学将要发展和夸张的一切优点和缺点的萌芽。"怀古的幽思，异国的情调，自然景色的描绘，第一人称的叙述，诗化的教文，考究的文风，都使这两部篇幅不大的作品开创了浪漫主义文学的新纪元。

法国的浪漫主义以散文开篇，世纪初诗歌的天空上耀眼的星辰都属于英伦三岛。直到1820年，阿尔封斯·德·拉马丁（1790—1869）的诗集《沉思集》出版，才结束了长期以来法国诗坛的寂寞。

雨　果

维克多·雨果（1802—1885）是法国浪漫主义运动的领袖，法国最伟大的诗人、小说家之一。雨果经历了漫长的生活道路，几乎占了19世纪六分之五的时间。他从复辟王朝时期走上文坛，中间经过七月王朝、第二共和国和第二帝国，而在第三共和国时期逝世。他的创作反映了这一历史时

期法国的重大历史事件和下层群众的疾苦。人道主义是雨果创作的最突出特点。这一特点鲜明地反映了资产阶级民主思想强的一面和弱的一面。雨果经历了复杂的思想过程。他的政治观点曾几次改变，反映了他思想上的矛盾，同时也是这一时期法国历史的急剧变化和阶级斗争的复杂情况在他身上留下的烙印。

雨果的创作几乎包括了一切重要的文学样式。他的戏剧作品有：《克伦威尔》（1827）、《玛丽蓉·德洛尔墨》（1829），其中，最享盛名的是1830年上演的《欧那尼》。

雨果在19世纪20年代前后就开始创作小说，几乎与他发表诗作同时。真正使他跻身伟大小说家之林的，是他的5部长篇小说：《巴黎圣母院》（1831）、《悲惨世界》（1862）、《海上劳工》（1866）、《笑面人》（1869）和《九三年》（1873）。

《巴黎圣母院》是浪漫主义小说的范本，浪漫主义文学发展史上的里程碑。时间是中世纪，背景是巴黎圣母院，中心人物是年轻美丽、能歌善舞、妖冶迷人的吉普赛女郎，这些元素构成一幅浪漫色彩浓郁的画卷。作家巧妙地以爱斯米拉达为中心，以一系列对比展开艺术构思，将一场善与恶、美与丑的斗争表现的淋漓酣畅又曲折有致。其中，爱斯米拉达——克罗德副主教——敲钟人喀西莫多形成的"三角轴心"，是全书的核心部分。作者在小说中揭露中世纪教会和贵族统治阶级的罪恶，反映了19世纪20年代人民群众反对封建专制的斗争。

《悲惨世界》是一部史诗性的小说，小说体的史诗，一部"苦难的人们"的史诗，人道主义的史诗。雨果从40年代写起，于1862年发表，前后耗费20年之久终完成这部巨著，规模宏大，气势恢宏，是19世纪小说中的一个奇迹。雨果将自己自20年代末所积累的关于穷人苦难生活的大量资料，浓缩成冉·阿让、芳汀、珂赛特三人的不幸遭遇，提出了当代社会亟待解决的三大问题："贫穷使男子潦倒，饥饿使妇女堕落，黑暗使儿童羸弱。"《悲惨世界》集中地表现了雨果以前作品中已经多次出现的以博爱为核心的人道主义思想。他的人道主义在《巴黎圣母院》中表现为对天主教黑暗势力和封建统治者的揭露，而在《悲惨世界》中，他的人道主义已经发展为对现代资产阶级社会的道德和法律的批判。

此外，他还写了大量理论文章，成为浪漫主义文艺理论的重要组成部分。其中，《〈克伦威尔〉序》（1827），更是文论史上标志性的一页。

1855年，雨果患肺充血不治，弥留时吐出一句最后的遗言："人生便是白昼与黑夜的斗争。"雨果辞世消息一传出，议会当即休会，并决定为雨果举行国葬。6月1日，葬礼隆重举行，百万巴黎民众送殡至先贤祠，在灵柩安葬处嵌上"祖国感谢伟人"的题铭。

雨果同法国浪漫乐派的重要代表人物作曲家柏辽兹和浪漫派画家德拉克洛瓦相提并论，被誉为法国浪漫主义三杰。

法国浪漫主义运动的其他作家包括风格悲观的阿尔弗莱·德·维尼（1799—1863）、风格唯美的诗人特奥菲尔·戈蒂埃（1811—1872），以及善于刻画忧郁的浪漫情调的阿尔弗莱·德·缪塞（1810—1857）。这三个诗人同时也从事小说的创作，而晚期的缪塞则在戏剧创作领域取得了巨大成功。小说家大仲马（1802—1870）依靠代表作《三个火枪手》赢得了全世界范围内的声誉。

普罗斯佩·梅里美（1803—1870）是短篇小说大师。法国最著名的女作家乔治·桑（1804—1876）则最擅长描写乡村生活。夏尔·奥古斯丁·圣勃夫（1804—1869）是这个时代法国最伟大的文学评论家，他以毕生致力于浪漫主义理念的传播，并力图客观的诠释作品而非去评述。

浪漫主义建筑——哥特式风格

浪漫主义建筑，是指18世纪下半叶到19世纪下半叶活跃在欧洲文艺领域中的浪漫主义思潮在建筑创作上的反映。这种思潮强调个性，提倡自然主义，主张用中世纪的艺术风格与学院派古典主义艺术抗衡。在建筑上往往表现为追求超凡脱俗的修道院趣味和丰富多彩的异国建筑情调。

18世纪中期到19世纪30年代为第一阶段，称先浪漫主义时期。先浪漫主义追求中世纪田园情趣，以满足在资本主义建立政权后，一些小资产阶级感到失望的心理渴求，采用哥特建筑风格建造的城堡到处皆是。东方建筑小品和仿伊斯兰礼拜堂建筑形式的建筑也常常出现。前者为埃尔郡的克尔辛府邸和威尔特郡的封蒂尔修道院府邸；后者为英国布赖顿的皇家别墅，该别墅用折衷的手法融合了拜占庭、伊斯兰建筑的风格和装饰，同时又加入了新的变化和发展，显得奇特而新颖，表达了浪漫主义的特征之一——对"异国情调"的追求。

19世纪30年代到70年代是浪漫主义建筑的第二阶段或称之为浪漫主义的成熟期。由于它常以哥特建筑风格出现，所以也称它为哥特复兴建筑。其特点是高大而复杂，雕刻不再追求华丽，多采用简单线条勾勒，多用于教堂建筑。其建筑的下部大多为店铺，有些尖顶被方顶取代。

浪漫主义的发源地是英国，因此英国留下的这类作品较多。1836—1868年建成的英国国会大厦，1841—1846年建成的圣吉尔斯教堂和1868—

1877年建成的曼彻斯特市政厅等，都是浪漫主义时期哥特复兴建筑风格的几项代表作。浪漫主义建筑主要限于教堂、大学、市政厅等中世纪就有的建筑类型。它在各个国家的发展不尽相同。大体说来，在英国、德国流行较早较少，而在法国、意大利则不太流行。

英国议会大厦

1836—1868年在伦敦建造的议会大厦是英国大型公共建筑中第一个也是世界最重要的哥特复兴建筑，是整个浪漫主义建筑盛期的标志。巴雷爵士（1795—1860）做的原设计采用古典主义和意大利文艺复兴的混合手法，在建造过程中，英国女王要强化基督教，提倡哥特式建筑，下令由小普金（1812—1852）协助，把它修改成哥特式的。国会大厦的平面沿泰晤士河西岸向南北展开，入口在西面，正中是八角形的中厅，中厅之上耸立着高达91米的采光塔。从中厅向南是上议院和王家画廊。西南角有102米高的维多利亚塔。中厅以北是下议院，最北端有著名的大本钟钟塔，高96米。在上述厅堂的两面有一系列院子。沿泰晤士河设置图书馆。整个建筑的体型，特别是它沿泰晤士河的立面轮廓参差，形成了十分丰富的天际线。建筑的所有立面采用了垂直划分，峭拔而冷峻清癯。

圣吉尔斯教堂

在世界100个经典教堂名册上，圣吉尔斯大教堂占有一席之地，它始建于1120年，后毁于大火，1385年重建。教堂内有一座20世纪增建的苏格兰骑士团的礼拜堂，新哥特式的天花板与饰壁上的雕刻极为精美华丽。它的塔尖酷似苏格兰王冠，在城市的高点都能看到这个标志性的尖顶散发

着王者的风范。教堂里的木雕和彩色玻璃极其精美。

美国步欧洲建筑后尘，浪漫主义一度流行。尤其是在大学和教堂等建筑中。耶鲁大学的老校舍（1883—1884）带有欧洲中世纪城堡式的哥特建筑风格，它的法学院（1930）则是典型的哥特复兴建筑。

浪漫主义绘画和雕塑的代表人物

浪漫主义是 18 世纪末 19 世纪初出现于德国和英国，19 世纪盛行于法国的一种文艺思潮。浪漫主义在绘画上，是与以官方学院派为代表的古典主义相对立的，其表现特征是：注重个性表现，耽于幻想和夸张，选择惊人事件作题材，情绪激越。

浪漫主义绘画的产生主要有以下几个原因：首先是以安格尔为代表的学院派将绘画的各个层面都教条化了，绘画变成了一门"工艺流程十分成熟"的手艺——局限于神话故事或是肖像的主题、严格限定的比例和线条。绘画不再具有创造性。德拉克罗瓦曾嘲笑美术学院里的教学"不是教绘画，而是在教几何"。因此，绘画必须寻找新的出路。其次，随着 1814 年波旁王朝复辟，大革命"自由、平等、博爱"的理想归于破灭，法国知识阶层需要通过艺术创作来发泄自己心中的郁闷。静态的、远离社会现实的新古典主义绘画不能满足他们的要求。他们需要新的艺术形式来表达内心的感受。

一件偶然的事件也触发了浪漫主义绘画的诞生：1816 年，从法国本土开往殖民地塞内加尔的战舰梅杜萨号触礁沉没，船长与高级官员乘救生艇逃离，余下的 149 名船员和普通乘客只能扎一个木筏在海上飘零，历经 11 天磨难后，最终只有 10 人生还。在弹尽粮绝的情况下，竟然发生了人吃人的惨剧。这件事情激发了席里柯的热情，他专门为此创作了《梅杜萨之

筏》。这幅画，成为浪漫主义绘画的开山之作。

席 里 柯

泰奥多尔·席里柯（1791—1824）生于法国里昂，17岁开始学画，师从大卫的学生盖兰，接受了很严格的古典绘画训练。为了创作这幅画，他阅读了所有相关资料，去医院观察濒死者的神态，还专门请人扎了一个一模一样的木筏。这幅画与安格尔的"静态绘画"完全不同。画家抓住了极力呼救的那一刹那，使得人物充满了感染力。画面顺着从左下到右上的对角线来安排，打破了平衡感，让画面更具动感。躺在木筏尾部的几个人已经死亡。一个老人黯然神伤地搂着一具尸体，沉浸在悲痛之中，对外界的喧哗完全失去了兴趣。在木筏的前端，几个人艰难地把一个黑人扶上木桶，他正朝远处那条船拼命地挥动手中的红布。在木筏中间躺着的那些人已经奄奄一息。此刻，他们用尽最后一丝力气，挣扎着探起身，发出微弱的呼喊。强烈的求生欲望，正与木筏尾部那位默然的老者形成鲜明的对比。

当德拉克洛瓦看完席里柯这幅画后，在他的日记里写道："我像疯子一样往家跑，一步也没停，直到回家为止。"由此可见，席里柯的艺术在当时的画坛上多么令人震惊。不幸的是席里柯在33岁时坠马身亡，但他的艺术对后来的德拉克洛瓦、杜米埃、库尔贝创作以巨大影响。他死后，由他的朋友德拉克洛瓦直接接过了浪漫派的大旗。

德拉克洛瓦

浪漫主义绘画在德拉克洛瓦这里达到了顶峰。德拉克洛瓦在西方美术史上是一位有卓越成就和较大影响的画家，特别是对浪漫主义绘画的形成和发展做出了重要的贡献。他被看作是一位承先启后的大师。他同雨果、柏辽兹相提并论，堪称法国浪漫主义三杰。德拉克洛瓦不仅总结了从文艺复兴以来名家们的艺术成就，并影响了一批后代的艺术家。许多人从他那里得到启示和教益。他反对当时古典主义绘画那种呆板、平庸的画风，主张个性解放，重视情感的表达。他的画善于表现动荡活跃的场面，色彩鲜明、豪迈奔放。他的重要作品是《但丁和维吉尔》、《希阿岛的屠杀》、《自由领导人民》等。

《自由引导人民》是德拉克洛瓦艺术的巅峰之作，在这幅画中，他把浪漫主义的理想发挥到了极致，源于现实又更加热情奔放。画上展示的巷战场面，最引人注意的是一位象征自由的女神，她头戴法国大革命时期的红色弗吉里亚帽、左手握枪，右手高举着迎风飘扬的红、白、蓝三色旗，领导着人民为着自由和民主而战，而她身后，则是象征着各阶层人民的工人、知识分子和无数的群众。整幅画给人以强烈的视觉冲击，把无尽的生命力和不息的战斗激情包蕴其中，而其强烈的艺术效果早已超出了对主题的歌颂，它是"自然与偶然哺育的灵感"，从所有的思想领域中解放出来，彰显着艺术的魅力与追求，刹那间给人以思维的升华。

透　纳

透纳是英国１９世纪初期重要的浪漫主义风景画家。他的画色彩缤纷，往往在朦胧缥缈中呈现物体的形象。壮丽的落日暮途，狂暴的波涛，变幻的风云，他在画布上尽情地创造着他心中的奇幻景象。《暴风雪，蒸汽船驶出港口》描写的是暴风雪中挣扎着的汽船，翻滚着的云翻滚着的浪，天与海连成一气，在画面黑白灰的交错中增强了暴风雪的气氛，表现

出大自然的无比威力。

戈　雅

西班牙画家戈雅，可称作是欧洲浪漫主义美术的先驱。战争和革命的震荡使他摆脱了与洛可可传统的联系而创造出一种属于浪漫主义的技巧。在《1808年5月3日枪杀》中，他戏剧性地运用明暗与色彩，抗议战争给人类带来的恐怖和灾难。他晚年壁画所描绘的悲剧和梦幻世界，没有形、没有色也没有美，丑陋扭曲的形象却充满生命力，完全扎根于无意识的心灵深处。美术史家们认为："现代艺术是随着戈雅摒弃了美和令人喜悦的东西后开始的。"

弗里德里希

德国的浪漫主义在绘画中的成就主要体现在风景画上，代表画家是弗里德里希。他作品中的景物常常是苍茫的群山、荒凉的海岸、修道院的废墟，在日出、日落或月光下显得神秘而深邃。

吕　德

在绘画界，浪漫主义的德拉克洛瓦和学院派的安格尔笔战舌战如火如荼，很快，浪漫主义就找到了自己在雕塑界的知音，以吕德、卡尔波等人为代表的雕塑家将浪漫主义的精神熔铸于希腊罗马的古典创作方法，将艺术家的主观情绪置于理性思维之上，用青铜和大理石凝铸雕凿出一个个不朽的形象，这些形象直至今日仍如嘹亮军号般鼓舞着全人类的热情，经久不息。

吕德是浪漫主义雕塑的代表人物，这位浪漫主义大师出生于工匠家庭，生长于法兰西最动荡澎湃的岁月，1812年获"罗马奖"。吕德一生为人高洁，不为名利所动，始终在艺术上探求不止。他的《马赛曲》和德拉克洛瓦的《自由引导着人民》堪称是法国美术界的双璧。《马赛曲》是巴黎著名的戴高乐广场上凯旋门上的装饰浮雕。它被誉为是19世纪法国最优秀的浪漫主义雕塑之一。

卡 尔 波

与吕德齐名的另一位浪漫主义雕塑干将是法国人让·巴普蒂斯特·卡尔波，他与吕德可以说是师徒关系。卡尔波的雕塑以优雅、生动著称，著名的作品有《花神》《舞蹈》《世界的四步》。雕塑《舞蹈》是著名的巴黎大剧院正门墙上的装饰浮雕，卡尔波大胆地突破了学院派艺术的各种限制，采用了近似于圆雕的手法塑造了一群欢快的正在舞蹈中的男女。击手鼓的裸体男子高高地站立在中央形成了整个雕塑的轴心，他的四肢伸展而轻盈，仿佛已经乘风而起，他周围是像花环一般围绕着他舞蹈的少女，她们的肢体交错，目光交织，仿佛完全沉醉在舞蹈的欢乐中。雕塑的整个造型富于动势，给人以轻松快乐和性格张扬的感觉。

群星璀璨——浪漫主义音乐

音乐中的浪漫主义时期源于中世纪罗曼斯（Romances）的称呼——这是对用自己国家语言所创作的与英雄人物有关的传奇和诗歌的叫法，区别于只有学者和僧侣才能读懂得拉丁文作品。巴洛克时代和古典主义时代的音乐作品并不是表现个人，而是大多呈现给神的；浪漫主义打开了表现个人情感的大门，不仅音乐如此，而且还包括绘画、雕塑、文学等所有艺术形式中。浪漫主义音乐是一种强调用音乐表达人的主观情感与精神世界的音乐风格。在艺术风格上，浪漫主义作曲家承袭了古典乐派的艺术成果，同时大胆地进行探索，打破传统形式的局限，表现出非常自由的一面。他们主张音乐与诗歌、戏剧、美术等姊妹艺术结合，提倡音乐的标题性，强调个人主观感情的表现，作品往往带有明显的自传性色彩。

1 9世纪在音乐领域被称为浪漫主义音乐世纪。浪漫主义音乐家名家荟萃，人才辈出，取得极其辉煌的成就。德国、奥地利是浪漫主义音乐的中心，音乐作品大多是交响乐、协奏曲、歌剧、合唱曲及室内乐；这一时期的意大利音乐几乎全部都是歌剧；法国也以歌剧为主。

对浪漫派音乐的划分，大略可分为浪漫早期（1810—1830年）、浪漫中期（1830—1850年）及浪漫的仿古典主义（1850—1900）三大阶段。在古典派作曲家贝多芬、罗西尼和韦伯的晚期作品中，已经明显流露出浪漫主义音乐的风格，正是他们开创了浪漫派的先河。1800年前后出生的作曲家们，形成了初期浪漫主义的中心。舒伯特和柏辽兹可谓初期浪漫派音乐的代表人物，他们从格鲁克、海顿、莫扎特和贝多芬的传统出发，形成了自己独特的流派。后来，浪漫主义音乐经过门德尔松、舒曼、肖邦和威尔第等人的进一步完善，在柴科夫斯基、李斯特和瓦格纳的时代达到了巅峰，这些作曲家、钢琴家构成了中期浪漫主义的中心。至于马勒、理查德·施特劳斯和拉赫玛尼诺夫等近代名家的作品，则归于晚期浪漫主义音乐。

韦　伯

　　卡尔·玛丽亚·冯·韦伯（1786—1826）是一个乐师和女歌手的儿子，莫扎特的外甥。韦伯的父母也试图把他造就成神童。14岁时他创作了第一部歌剧。18岁他担任布里斯卢剧院的指挥，但由于乐师们嫉恨他的年轻而被迫离开，之后他去了威滕堡的欧根公爵那里。自1813年到1816年间，韦伯担任布拉格歌剧院指挥，1817年他娶了卡洛林·布兰德为妻。此时，他的歌剧和其他作品也开始得到承认，但他从其母那里遗传的肺结核开始发作，他把医生嘱咐要休假一年的劝告弃之一旁，接受了更多的音乐会预约和歌剧写作任务。1827年4月，他赴伦敦指挥了12场他的新歌剧《欧安特》的演出，并开了几场钢琴音乐会，但他的健康状况急剧恶化，6月去世于伦敦，葬礼十分隆重。1844年，他的棺柩迁往德累斯顿，瓦格纳致追悼词。

　　如果不算贝多芬的晚期作品，韦伯是浪漫主义作曲家中第一人。他使德国音乐摆脱了意大利影响，他与贝多芬和舒伯特一同展示了钢琴的潜力，下启门德尔松、肖邦、李斯特；他的交响乐为柏辽兹、瓦格纳铺平了道路。

　　韦伯的作品包括2部交响曲，8部歌剧，包括《自由射手》、《欧安特》和《奥伯龙》等，2部黑管协奏曲，多首歌曲，大量钢琴曲和室内乐。他最有名的作品《邀舞》，1814年由柏辽兹配器，并将之加工为一部芭蕾舞

剧，1911年由尼金斯基任主角演出。

舒 伯 特

奥地利作曲家弗朗兹·舒伯特（1797—1828）是浪漫主义早期的代表人物。他出生于维也纳，是真正的维也纳之子，除了去乡间的短暂旅行，他从未离开过维也纳。舒伯特从小跟随父亲学习音乐，11岁时考入教堂唱诗班，后来被任命为圣堂乐队长。1812年，舒伯特开始师从当时很有名气的作曲家萨里埃利，次年创作了自己的第一部交响曲。17岁时，他根据大诗人歌德的诗歌写出了一首优美动听的歌曲——《纺车旁的玛格丽特》，此曲被认为是德国浪漫主义艺术歌曲开先河之作，舒伯特杰出的艺术才华也由此得到公认。1815年，他以惊人的速度接连完成了近150首艺术歌曲，其中包括《野玫瑰》《魔王》等名作，他对这种题材的创作热情整整持续了一生。

1816年舒伯特辞去教师职务，成为了一名"自由艺术家"。他没有固定收入，只是靠朋友的资助和偶尔得到的少量稿费维持生计，经济十分拮据。不过，这些并没有过多地影响到他的精神生活，在他周围总汇聚着一批志同道合的艺术家朋友，在这些音乐家、诗人、画家中，舒伯特始终作为一个中心人物，带着大家演奏欣赏音乐，研讨艺术问题。

在当时的社会环境中，一名自由音乐家的地位是无足轻重的，舒伯特生前从未获得过真正的关注。1821年，他首次出版了自己的歌曲《魔王》。次年，被格拉兹音乐协会推选为名誉会员。为了表示谢意，他向协会赠送了一首自己的交响曲，但是却莫名其妙地被搁置起来。这部尘封已久的作品直到舒伯特去世近40年后，才得以公演，这就是伟大的浪漫主义杰作——《第九交响曲"未完成"》。和它同样命运的还有《第九交响曲"伟大"》等许多作品。1828年3月，舒伯特在朋友们的资助下举办了平生第一次也是最后一场个人作品音乐会。8个月后，他被疾病夺去了生命，去世时年仅31岁。人们把他安葬在了贝多芬的墓旁。

舒伯特一生创作了600多首艺术歌曲，被誉为"歌曲之王"。舒伯特的创作中心是艺术歌曲，艺术歌曲是诗歌和音乐的结合，这是浪漫主义音乐派作曲家抒发诗情画意的理想领域。舒柏特选用的诗歌范围很广，有歌德、席勒等大诗人的诗，也有它的朋友朔贝尔的作品。他歌剧中的钢琴伴奏，不仅起了陪衬旋律的作用，也是创造特定意境的主要手段。舒柏特的歌曲被称为"艺术歌曲"，但许多歌剧中淳朴的音乐语言，常常接近于民歌，他的《野玫瑰》《鳟鱼》《菩提树》等歌曲，后来都成为广泛流传的民歌。民歌常用的分节歌的形式也是舒柏特歌曲创作的主要形式。舒伯特此外还创作了交响乐、室内乐和钢琴音乐等作品。

门德尔松

德国浪漫主义音乐的一个重要代表人物是门德尔松。他因为一生都处于幸运的环境中，使他在音乐家的行列里显得格外突出。他生于一个富有而且极有文化教养的家庭中，祖父是哲学家，父亲是银行家，母亲具有很高的文化修养。在优越的家庭环境里，他从小接受了良好的音乐与文化教育。门德尔松从小就显露奇特的音乐才华，9岁登台演奏，11岁开始作曲，12岁随老师去魏玛拜访歌德，尽管双方年龄相差60岁，但这份忘年交维持了一生，这使门德尔松的作品深受德国古典主义文学的影响。作为一个早慧的音乐家，门德尔松16岁时写出了喜歌剧《卡玛乔的婚礼》，17岁时又以一曲管弦乐序曲《仲夏夜之梦》轰动世界。1829到1835年间，门德尔松游历了欧洲多个国家，一方面领略了意大利、瑞士、苏格兰等地独特的湖

光山色、风土人情，一方面又结识了柏辽兹、肖邦、李斯特等许多音乐界名人，这些体验成为他日后创作一系列交响音画《意大利交响曲》、《赫布里底群岛》等佳作的基础。除了音乐创作之外，他在音乐事业上突出的贡献有两件，一件是他对久已为人忘却的巴赫大力宣扬，正是他不顾音乐权威的反对，亲自指挥演出了巴赫的《马太受难曲》，这是巴赫去世80年来的首次演出。这次演出可以说是十九世纪复兴巴赫的转折点。第二件是他在萨克森王威廉四世的赞助下，创办了莱比锡音乐学院，它把训练音乐家的水准大大提高了。门德尔松在欧洲各国都享有很高的声望，他曾10次出访英国，然而过度的劳累使他的精力迅速衰竭，1847年他所深深依恋的姐姐芳妮去世，使他的幸福生活遭受最严重的打击，6个月后，门德尔松因中风而去世，年仅38岁。

作为早期浪漫派的代表人物，门德尔松的音乐依然保留着严谨的曲式结构和古典主义的审美情趣。他的音乐风格恬静细腻，富于诗意，极少矛盾冲突。他身上的浪漫派元素更多地体现为擅于借助文学作品创作带有描绘性的标题音画作品。《仲夏夜之梦》《赫布里底群岛》《平静的大海与幸福的航行》等都是这方面的优秀代表。这些作品以门德尔松特有的清新优美的旋律、精练的配器、含蓄的情感以及栩栩如生的描绘性音乐语言，为浪漫主义音乐树立了典范。

舒　曼

罗伯特·舒曼（1810—1856）对门德尔松十分崇敬，他是一位严肃认真的德国人。父亲是一名出版商。舒曼自幼爱好浪漫主义文学，而且天生带有一种浪漫派艺术家的气质，集热情、忧郁、敏感和富于幻想的天性于一身。1828年，舒伯特遵从母命进入莱比锡大学攻读法律，但是他对法律完全没有兴趣，第二年即开始跟随钢琴教师弗雷德里希·维克学琴，并由此认识了老师的女儿——后来成为他妻子的克拉拉·维克。1830年，舒曼彻底放弃法律专心练琴，但是近乎残酷的训练方式损伤了他的手指，成为演奏家的理想破灭了。从此，他将全部精力都投入到音乐创作中。1834年，舒曼创办了《新音乐杂志》，宣传自己的浪漫主义音乐观。他认为音乐即心灵的表现、情感的流露，能够传达艺术家对世间一切事物的情感体验。这种浪漫主义倾向清晰地反映在他19世纪30年代创作的一系列作品中，包括钢琴组曲《蝴蝶》《狂欢节》《大卫同盟舞曲》《童年情景》《C大调幻想曲》等。1840年舒曼经历一番风波后终与克拉拉结为眷属。婚后的幸福生活激发了他的写作热情，在一年内，他就完成了声乐套曲《妇女的爱情和生活》《诗人之恋》等140首艺术歌曲。1841年又推出了《第1交响曲"春天"》。

1840年，他应邀到莱比锡音乐学院担任作曲教授。不幸的是，第二年，他患了周期性精神失常，不得不辞去已担当10年的杂志主编和莱比锡音乐学院的职务。1845年举家迁往德累斯顿，后又移居到杜塞尔多夫。他的创作与指挥工作也深受病痛干扰。唯一值得欣慰的是，在杜塞尔多夫期间，他结识了作曲新秀勃拉姆斯，并特意撰文举荐这位前途无量的年轻人。1854年，舒曼因病症发作投莱茵河自杀，后被人救起，送入一家精神病院。即使在那段时间，他仍然坚持创作。两年后，这位浪漫主义的音乐先锋离开了人世。

李 斯 特

李斯特是中期浪漫主义音乐派的代表人物，他出生在匈牙利，他的一生对音乐突出的贡献主要有两方面，一是丰富了钢琴技巧的表现力，他的

钢琴音乐不仅有诗情画意的小品，也有宏伟、辉煌的艺术效果和具有交响性的乐曲，他使钢琴音乐获得了管弦乐队般的效果，气势宏伟，热情磅礴。二是他首创了单乐章标题交响诗体裁，一生中他写了13首交响诗，以《前奏曲》和《塔索》最为著名，这些交响诗具有叙事性、抒情性、描写性和戏剧性的特点。此外，在李斯特的作品中鲜明的匈牙利民族特色体现得尤为突出，如反映匈牙利民间生活的19首匈牙利狂想曲，其中第2、6、12、15首是经典之作。

施特劳斯

理查·施特劳斯是晚期浪漫主义音乐派作曲家。作为一位作曲家，施特劳斯的贡献主要表现在交响诗方面，他完善了交响诗的结构形式，精心创作主导动机以及专门描写人物、地点、情景的音乐片断。他的管弦乐配器方面同样显露了卓越的才能，他的作品线条思绪极尽各种乐器之性能，使他的作品中一个极平常的动机或主题也能发出最迷人的光彩。施特劳斯的歌剧创作主要受瓦格那的"乐剧"的影响，作曲技巧虽然高超，但内容比较苍白，与瓦格纳的作品相比较要单薄得多。他的作品有时像一篇充满绚丽辞藻的散文，但却在复述一个空洞无聊的内容。施特劳斯是古典创作和浪漫主义音乐的杰出综合者，莫扎特的明澈，贝多芬的动荡，勃拉姆斯的结构感，瓦格纳的英雄性，李斯特的标题音乐，激发了他的创作欲望。他对管弦乐队的熟练把握使他的作品发出迷人的光彩，但世纪末的文化特征，也充分体现在他的作品中，即唯美主义和颓废主义的倾向。他的创作和瓦格纳一道预示了20世纪音乐的来临。他在歌剧方面作品有《贡特拉姆》《火荒》《莎乐美》《埃莱克特拉》《玫瑰骑士》《阿里阿德涅在纳索斯岛》《埃及的海伦》《达芙妮》《达奈的爱情》和《随想曲》。

帝国风格——新古典主义建筑

新古典主义是西方18世纪60年代至19世纪30年代兴起的艺术运动。新古典主义一方面强调要求复兴古代趣味特别是古希腊罗马时代那种庄严、肃穆、优美和典雅的艺术形式；另一方面它又极力反对贵族社会倡导的巴洛克和洛可可艺术风格。新古典主义又不同于17世纪盛行的古典主义，它排挤了抽象的、脱离现实的绝对美的概念和贫乏的、缺乏血肉的艺术形象。它以古代美为典范，从现实生活中吸取营养，它尊重自然追求真实，以及对古代景物的偏爱，表现出对古代文明的向往和怀旧感。

新古典主义发端于法国资产阶级革命的前夜。18世纪下半期是法国封建君主制日趋腐败堕落和资产阶级逐渐强大的时期，是两个阶级面临决战的变革时代。1789年法国大革命前夕，资产阶级为取得革命的胜利，在意识形态领域高举反封建反宗教神权、争取人类理想胜利的旗帜，号召和组织人民大众起来为资产阶级革命而献身。为取得这一革命斗争的彻底胜利，首先要在人们的心理上注入为革命献身的美德和勇气，那就是为共和国而战斗的英雄主义精神。古代希腊罗马的英雄成了资产阶级所推崇的偶像，资产阶级革命家利用这些古代英雄，号召人民大众为真理而献身。正如马克思所指出的，他们战战兢兢地请出亡灵来给他们以帮助，借用他们的名字、战斗口号和衣服，以便穿着这种久受崇敬的服装，用这种借来的语言，演出世界历史的新场面。就在这样的历史环境下，产生了借用古代

艺术形式和古代英雄主义题材，大造资产阶级革命舆论的新古典主义。伴随大革命的胜利，新古典主义艺术在法国的建筑、绘画、雕塑、文学、戏剧和音乐领域都有活跃的表现，而且影响遍及整个欧洲。

新古典主义建筑

新古典主义建筑提倡要复兴古希腊和古罗马的建筑艺术装饰。特点是构图规整，追求雄伟、严谨。一般以粗大的石材砌筑底层基础，以古典柱式和各种组合形式为建筑主体，加以细部装饰。18世纪60年代到19世纪，欧美一些国家流行一种古典复兴建筑风格。当时，人们受启蒙运动的思想影响，考古又使古希腊、罗马建筑艺术珍品大量出土，为这种思想创造了借鉴的条件。采用这种建筑风格的主要是法院、银行、交易所、博物馆、剧院等公共建筑和一些纪念性建筑，而对一般的住宅、教堂、学校影响不大。

法国在18世纪末、19世纪初是欧洲新古典主义建筑活动的中心。为了给拿破仑的赫赫武功戴上灿烂的光环，法国建筑从罗马帝国雄伟、庄严的建筑中找到了灵感和样板，形成所谓"帝国风格"。"帝国风格"中最具代表性的是为了炫耀拿破仑的功绩而兴建的大型纪念性建筑，如凯旋门、纪功柱、军功庙等。它们尺度巨大，外形单纯，追求形象的雄伟、冷漠和威严。这种风格的思想和社会基础非常薄弱，因而拿破仑败亡后它便随之消失。但当时一些"帝国风格"建筑却留下来，并对整个巴黎城市建设产生了重大影响。

先 贤 祠

先贤祠位于巴黎市中心塞纳河左岸的拉丁区。当年，路易十五一场大病之后，为了感谢巴黎守护圣徒圣·热内维耶瓦的守护，委托苏夫娄设计了这座新古典风格的教堂，并且命名为圣·热内维耶瓦教堂。由于法国大革命的原因，教堂改为万神庙，用来安葬法国名人和伟人，因此又被称为先贤祠。拿破仑统治期间，将万神庙又归还给教会。教堂正面的设计来源于罗马的万神庙，山墙的浮雕上描绘着法国女神为伟人们戴上桂冠的情景。万神庙中的艺术装饰也非常美观，其穹顶上的大型壁画是名画家安托万·格罗特创作的。1830年"七月革命"之后，绘画的主题改变，万神庙具有了"纯粹的爱国与民族"特性。万神庙内安葬着伏尔泰、卢梭、维克多·雨果、爱弥尔·左拉、柏辽兹、大仲马、居里夫妇等人。至2002年11月，共有70位对法兰西作出非凡贡献的人享有这一殊荣。

先贤祠的穹顶内径20米，最高处高达83米，十分雄伟。由于采用了先进的结构技术，穹顶的重量相当轻。它共由三层结构组成，最里面的一层开有圆洞，透过圆洞可以看到中间一层结构上绘制的壁画。穹顶的外形和采光亭模仿了古罗马马坦比哀多的形制，雅致而挺拔。先贤祠室内完全摆脱了神秘的宗教气氛，表现出世俗的、堂皇的色彩，体现了法国启蒙主义者的理性精神和对古罗马的向往。

拿破仑时代在巴黎兴建了许多纪念性建筑，其中星形广场凯旋门、马德兰教堂等都是古罗马建筑式样的翻板。

巴黎凯旋门

巴黎凯旋门坐落在巴黎市中心夏尔·戴高乐广场（又称星形广场）的中央，是拿破仑为纪念他在奥斯特利茨战役中大败奥俄联军的功绩，于1806年2月下令兴建的。起初，这座庄严雄伟的建筑被命名为"雄狮凯旋门"拿破仑失败后改称"星形广场凯旋门"。它是欧洲１００多座凯旋门

中最大的一座。

巴黎凯旋门高约50米，宽约45米，厚约22米。四面各有一门，中心拱门宽14.6米，门上有许多精美的雕刻。内壁刻的是曾经跟随拿破仑东征西讨的数百名将军的名字和宣扬拿破仑赫赫战功的上百个胜利战役的浮雕。外墙上刻有取材于1792—1815年间法国战史的巨幅雕像。所有雕像各具特色，同门楣上的花饰浮雕构成一个有机的整体，俨然是一件精美动人的艺术品。其中最吸引人的是刻在右侧（面向田园大街）石柱上的"1792年志愿军出发远征"，即著名的《马赛曲》的浮雕，它是世界美术史上重要的不朽的艺术杰作。

现在，每逢重大节日时，就有一名身着拿破仑时代戎装的战士，手持劈刀，守卫在《马赛曲》雕像前。每年的7月14日，法国举国欢度国庆时，法国总统都要从凯旋门通过。而凯旋门最奇特之处，据说是每当拿破仑周年忌日的黄昏，从香榭丽舍大道向西望去，一团落日恰好映在凯旋门的拱形圈里。

凯旋门是一座迎接获胜归来军队的凯旋之门，它是现今世界上最大的一座圆拱门，也是世界上最早建设的凯旋门式建筑物。整座建筑物都雕有精致细工的浮雕，件件精美，往往令游客们赞不绝口。拱门上方四壁的浮雕，是庆贺拿破仑凯旋归来的情景，而拱门下方是一座无名英雄战士的坟墓，也是代表战争中战死沙场的150多万名法国士兵。另外，墓前有一束不灭之火，象征法国世代蓬勃发展。

拿破仑的全部辉煌是和战争分不开的，因此拿破仑帝国的主要纪念性建筑几乎都为表彰军人、炫耀武力而建。1799年，拿破仑下令废掉地基已经完工的巴黎马德兰教堂，在原址上建造一座陈列战利品的军功庙（1807—1842）。建筑师维尼翁（1762—1829）秉承拿破仑的意旨，设计这座军功庙时采用古希腊围廊式神庙的形制，用一圈粗壮雄伟科林斯式柱承托起巨大的山花和屋顶。拿破仑帝国灭亡后，这座建筑又被改回原来的称谓和用途，这就是巴黎的象征之———马德兰教堂。

马德兰教堂

马德兰教堂坐落在高7米的基座上，前后均有古罗马式的宽阔台阶。正面是由8根柱子构成的宏伟柱廊，侧面的柱子各有18根，其规模完全可以和古罗马最大的神庙相媲美。

法国在进入第二帝国之后，在古典主义风格上有进一步的发展，并且糅合了各种华贵的细节装饰，形成古典复兴基础上的繁琐折衷主义倾向。

纷繁壮丽的折衷主义建筑

　　随着资本主义社会的发展，需要有丰富多样的建筑来满足各种不同的要求。在19世纪，交通的便利，考古学的进展，出版事业的发达，加上摄影技术的发明，都有助于人们认识和掌握以往各个时代和各个地区的建筑遗产。于是出现了希腊、罗马、拜占庭、文艺复兴和东方情调的建筑在许多城市中纷繁杂陈的局面。

　　折衷主义建筑在19世纪中叶以法国最为典型，巴黎高等艺术学院是当时传播折衷主义艺术和建筑的中心，而在19世纪末和20世纪初期，则以美国最为突出。它的主题思想是要弥补所谓的"古典主义与浪漫主义在建筑上的局限性"。这种思潮认为：只要能实现美感，可以不受风格的约束，自由组合各种建筑式样或拼凑不同风格的装饰纹样，又称"集仿主义"。总的来说，折衷主义建筑思潮依然是保守的，没有按照当时不断出现的新建筑材料和新建筑技术去创造与之相适应的新建筑形式。

　　折衷主义建筑的代表作有：巴黎歌剧院（1861—1874），它是法兰西第二帝国的重要纪念物，剧院立面仿意大利晚期巴洛克建筑风格，并掺进了繁琐的雕饰，它对欧洲各国建筑有很大影响；巴黎的圣心教堂（1875—1877），它的高耸的穹顶和厚实的墙身呈现拜占庭风格，兼取罗曼建筑的表现手法；罗马的伊曼纽尔二世纪念建筑（1885—1911），是为纪念意大利重新统一而建造的，它采用了罗马的科林斯柱廊和希腊古典晚期的祭坛形制；芝加哥的哥伦比亚博览会建筑（1893），则是模仿意大利文艺复兴时期威尼斯建筑的风格。

巴黎歌剧院

全名为加尼叶歌剧院，以建筑师沙尔勒·加尼叶（1825—1898）的姓氏命名，是法国上流社会欣赏歌剧的场所，不管内部装饰和外表建筑都极尽华丽之能事。早在17世纪时，意大利歌剧风靡整个欧洲，称霸歌剧舞台。欧洲各国的作曲家因而致力于发展本国的歌剧艺术，与意大利歌剧相抗衡，与宫廷贵族追求时髦的庸俗趣味进行斗争。就是在这一时期，法国吸取了意大利歌剧的经验，创造出具有本国特色的歌剧艺术，法国歌剧也由此发展起来。法国歌剧艺术风格的形成，决定了法国将建立自己的歌剧院。1667年，法国国王路易十四批准建立法国第一座歌剧院。1671年3月19日，由佩兰、康贝尔和戴苏德克负责建造了"皇家歌剧院"，它就是巴黎歌剧院的前身。后于1763年被毁于大火。1860年，年仅35岁的沙尔勒·加尼叶承担了新歌剧院的设计重任，1875年新的歌剧院建成，这是举世公认的第二帝国时期最成功的建筑杰作，建筑正面雄伟庄严、豪华壮丽，透过歌剧院广场及歌剧院大街，直视国王宫殿（Palais Royal）及卢浮宫博物馆。

巴黎歌剧院长173米，宽125米，建筑总面积11 237平方米。剧院有着全世界最大的舞台，可同时容纳450名演员。剧院里有2 200个座位。演出大厅的悬挂式分枝吊灯重约8吨。其富丽堂皇的休息大厅堪与凡尔赛宫大镜廊相媲美，里面装潢豪华，四壁和廊柱布满巴洛克式的雕塑、挂灯、绘画，有人说这儿豪华得像是一个首饰盒，装满了金银珠宝。它艺术氛围十分浓郁，是观众休息、社交的理想场所。该厅长54米，宽13米，高18

米。

巴黎歌剧院具有十分复杂的建筑结构，剧院有 2 531 个门，7 593 把钥匙，6 英里长的地下暗道。歌剧院的地下层，有一个容量极大的暗湖，湖深 6 米，每隔 10 年剧院就要把那里的水全部抽出，换上清洁的水。由法国记者写下的惊险小说，后又搬演成众多电影、音乐剧的《歌剧魅影》正是发生在眼前这座金光灿灿的建筑里。

圣心教堂

1875 年 10 月 16 日，圣心教堂的建筑设计师保罗·阿巴迪在圣心教堂奠基仪式上为圣心堂的起建放下了第一块基石。据说整座教堂都采用的是同第一块奠基石一样的石材，这是一种叫"伦敦堡"的特殊白石，当这种石头接触水或雨水便会分泌出一种俗称玻璃屑的白色物质，这种白色物质能使建筑在积年累月的风雨冲刷中越变越白，这也是为什么圣心教堂如此雪白晶莹的原因。

在圣心教堂起建之前建筑工人们先在蒙马特山丘顶部打了一个深约 33 米的地基，整个地基奠定工程持续了近 3 年。1878 年教堂的地下部分才正式开建，而教堂的地上部分则是 3 年后的 1881 年地下部分完工后才开始着手建造的。又是 3 年之后的 1884 年，圣心教堂最初的设计者保罗·阿巴迪辞世，另 5 个设计师接手了圣心教堂的督建工作。他们修改了圣心教堂最初的设计方案，建成后的大教堂总长 85 米，宽 35 米。教堂内部使用了罗马诺-拜占庭建筑风格，教堂顶部托伸出了一个 55 米高，直径 16 米的大穹顶。在这里您能看到世界上最高的马赛克拼图画，还有令人叹为观止的玻璃彩窗。这些玻璃彩窗的原始图画曾经在 1944 年于第二次世界大战中被摧毁，但在 1946 年又被按原样修复。

自19世纪上半叶始，随着交通的便利，考古学的进展，出版业的发达，再加上摄影技术的发明，人们能非常方便地认识和掌握以往各个时代和各个地区的建筑风格。于是出现了诸如希腊、罗马、拜占庭、中世纪、文艺复兴和东方情调等风格的建筑格局在许多城市中纷然杂陈的局面。所以在这个时期建造的巴黎的圣心教堂，它的高耸的穹顶和厚实的墙身呈现着拜占庭建筑的风格，同时兼有罗马建筑的表现手法。

1914年圣心教堂主体建筑中的钟楼落成，建成的钟楼高84米，钟楼中有一只全法国最大的钟。这只重19吨的大钟由一只重850公斤的钟锤敲响后全巴黎城都可以听到它那悠扬的钟声。圣心教堂的这只名为萨瓦亚赫德的大钟由法国萨瓦地区的安纳西城的能工巧匠铸造。

由于第一次世界大战的爆发，圣心大教堂的建设工作曾一度停工。1919年10月16日，在第一块奠基石放下整44年后，圣心教堂举行了竣工典礼。现在每在风和日丽的日子里，在圣心教堂前宽阔的台阶之上，经常会有艺人演奏着各种乐器。在月琴清凌如流水的音乐声中您可以从圣心教堂所在的蒙马特高地放眼巴黎城，不用付费您也可以享有鸟瞰全巴黎的权利。

意大利的祖国祭坛（又称伊曼纽尔二世纪念碑）

由吉斯培·斯科尼设计的祖国祭坛（1885）位于罗马城中心的威尼斯广场上，又称伊曼纽尔二世纪念碑。伊曼纽尔二世是意大利重新统一后第一任国王。这是一座巨大的折衷主义建筑，体量庞大，空间层次丰富。建筑采用了罗马的科林斯柱廊和希腊古典晚期的祭坛形制，共分三层，二层平台上是伊曼纽尔二世的骑马铜像，三层平台上为不熄的长明灯。建筑的顶部是宏伟的柱廊，纪念性得到充分的体现。二次大战后改为无名战士

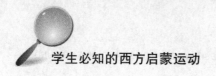

墓，纪念碑中的火炬常燃不熄。这里被意大利人称为祖国祭坛，是国家独立和统一的象征。现已是现代罗马的中心。总统就职，外国元首到访时为无名战士墓献花圈等意大利的一些大型庆典，都要在这里举行。

芝加哥的哥伦比亚博览会建筑

它是模仿意大利文艺复兴时期威尼斯建筑的风格。

伯恩罕于1846年月4日出生，他和另一位建筑师约翰·魏尔伯恩·罗特一同创立美国历史上最有名的建筑公司。他们以建筑过去没有的高楼为荣耀，进一步改变了城市的空中轮廓线。你曾经参观过的最高楼是哪一栋大楼呢？伯恩罕与罗特运用先进的建筑技术，让现代摩天大楼成为可能。

在罗特去世之后，伯恩罕接管了罗特担任芝加哥1893年世界哥伦比亚博览会首席建筑师的工作。他将世界哥伦比亚博览会，一种世界博览会，创造为一个暂时的城市，具有宽广道路、花枝繁茂之花园，以及古典建筑外观。美国的其他建筑师在此受到了启发，进而将这些类似的元素带进他们自己的设计里。

伯恩罕与另一位建筑师爱德华·班奈特也为整座城市进行规划。1909年的芝加哥计划，就将这个城市设计为拥有整齐公园绿地与休闲场所的城市，为都市设计创建起一套标准。在你熟悉的乡镇与城市里散步，试着去发现那些带有能激发人类血液魔力的大楼吧。

复古浪潮中的经典建筑

复古浪潮中的英国

18世纪的下半叶，英国的工业资产阶级为了争取政治上的权利，在议会内外展开了激烈的斗争。他们引入法国当时高涨的启蒙思想，仰慕古罗马的共和政体，随之十分推崇古罗马时代的建筑文化。于是这一时期的英国城市中兴起一股"罗马复兴"的建筑潮流。典型建筑有巴斯的新月住宅群。

18世纪初，巴斯还只是一个因河流水系而闻名的度假胜地。1728年，建筑师约翰·伍德首次完成了巴斯城市分地区规划。其子小伍德设计了新月住宅群使之名声大振。这是一组由几十户联排住宅围成的半圆形住宅群，状如新月。建筑总高三层，立面构图是严格的古典主义手法，底层为基座，上两层采用了巨大的爱奥尼柱廊。

18世纪中叶，欧洲人对古希腊建筑的知识逐渐丰富。在19世纪初，在英国兴起了"希腊复兴"建筑。原因大致是：第一，当时英国正对拿破仑进行着生死攸关的战争，为了同拿破仑提倡的古罗马帝国建筑风格对抗，一些建筑师转向古希腊。另一方面，当时希腊人民的独立解放斗争引起了欧洲资产阶级先进阶层的同情，因此，"希腊复兴"在英国形成一股相当

有力的潮流，它的主要特点是使用希腊式的多立克和爱奥尼柱式，并追求建筑形体单纯、简洁的力量。19世纪中叶以后，这股潮流在英国逐渐消退。

大英博物馆

19世纪初，英国现代主义思潮日益泛起，人们对艺术、学术的社会交流也日渐活跃起来。于是，面向公众开放的博物馆应运而生。位于伦敦泰晤士河滨的大英博物馆（1823—1827）是最早设计成向公众开放的博物馆之一。大英博物馆采用了严格的古希腊建筑比例和细部，十足的希腊味使它显得格外的优雅和庄严。整个建筑由四翼组成，并围城一个长方形的内庭院。其中两翼为展览大厅，分别展出地方收藏品、古埃及艺术品和大理石艺术品等，北翼为公众图书馆和阅览室，东翼为皇家阅览室。

博物馆的设计者罗伯·斯密尔克（1780—1867）曾因"国家绘画与雕塑博物馆"的设计方案荣获"皇家艺术学会金奖"。他历来推崇"纯粹的古典主义"，追求古典形式的典雅与完美。但这次对大英博物馆入口南立面的设计，却引发了不少争论，以致其建筑工程一直持续到1847年才竣工。斯密尔克在南立面中部柱廊的前面设计了一个8根巨大的爱奥尼式柱子承托起的布满雕饰的山花，从而形成建筑入口。两侧延伸出的双翼则廊柱林立，这种属于希腊复兴风格的设计使建筑生出一片庄严的气派，使人不得不唤起对古希腊圣殿的回忆。

当然，时代的进步也在建筑中得到了反应。斯密尔克在结构中采用了混凝土地基和大跨度的铸铁大梁，很好地满足了这座当时全世界最大的综合性博物馆在功能上的需求。

大中庭位于大英博物馆中心，于2000年12月建成开放，目前是欧洲最大的有顶广场。广场的顶部是用 2 436 块三角形的玻璃片组成的。广场中央为大英博物馆的阅览室，对公众开放。

复古浪潮中的德国

公元 1753 年，普鲁士国王弗里德利希·威廉一世定都柏林，下令修筑共有 14 座城门的柏林城，并以国王家族的发祥地"勃兰登堡"命名其中一座做西朝东的城门。1788 年，弗里德利希·威廉二世为庆祝德意志德国统一，重建了勃兰登堡门。建筑师拉汉斯（1733—1808）以雅典古希腊柱廊式城门为蓝本，仿制雅典卫城的山门设计了这座凯旋门式的城门。

重建后的城门高 20 米，宽 65.6 米，进深 11 米。门内有 5 条通道，中间的通道最宽。各通道之间用巨大的砂岩条石隔开，条石的两端各饰 6 根高达 14 米、底部直径为 1.70 米的多立克式立柱。

为使勃兰登堡门更辉煌壮丽，当时德国著名的雕塑家戈特弗里德·沙多为其顶端设计了一套青铜装饰雕像：四匹飞驰的骏马拉着一辆双轮战车，上面站着一位被插双翅的女神，她一手执杖一手提辔，一只展翅欲飞的普鲁士苍鹰兀立在女神手执的饰有月桂花环的权杖上。此外，在各通道内测的石壁上还镶嵌着沙多创作的 20 幅大理石浮雕画，他们描绘了古希腊神话中的大力士赫拉克勒斯神话的英雄事迹。另外有 30 幅反映古希腊和平神话的大理石浮雕装饰的城门正面。

复古浪潮中的美国

美国独立以前，建筑造型多采用欧洲样式。独立后，美国借助于希腊、罗马的古典建筑来表现民主、自由、光荣和独立，因而新古典建筑大

兴。美国国会大厦仿照巴黎先贤祠建成，极力表现雄伟，强调纪念性。

华盛顿的林肯纪念堂等则充分体现了希腊建筑形式，这种形式在其他一些纪念性建筑和公共建筑中表现比较突出。

林肯是美国历史上最伟大的总统之一，他的纪念堂位于哥伦比亚特区林荫路西首的西波托马克公园中，建筑师为亨利·培根。这座仿古希腊"帕特农神庙"的古典建筑四周环绕着36根古朴的希腊多立克式白色大理石圆形廊柱，代表林肯逝世时的36个州。

现代建筑与工业革命具有紧密的联系。自18世纪中叶，在英国通过使用机器特别是蒸汽机的发明导致了工业革命。人类发展开始步入工业社会，建筑也同时受到了巨大的影响。时代改变了，就应该有新的建筑形式与之相适应。对时代感的需求是促进现代建筑产生的主要因素之一。

比较早提出现代设计和建筑基本思想的包括，阿道夫·路斯、亨利·凡德·费尔德和彼得·贝伦斯等人，在他们的思想影响下，出现了真正完成了现代建筑体系和思想体系的大师-格罗皮乌斯、密斯、柯布西耶、阿尔瓦·阿尔托等一系列在现代建筑史上具有举足轻重地位的国际大师，他们在第二次世界大战以后，使现代主义成为国际建筑的标准风格，影响了整个20世纪的建筑面貌。

印象派绘画——现代主义的萌芽

印象派也叫印象主义，是指兴起在19世纪下半期，以法国为中心风靡全欧并具有世界性影响的印象主义绘画现象。印象派的命名源自克劳德·莫奈于1874年的画作《印象·日出》，遭到学院派的攻击，并被评论家路易斯·勒罗伊挖苦是"印象派"。其影响遍及欧洲，并逐渐传播到世界各地，但它在法国取得了最为辉煌的艺术成就。19世纪后半叶到20世纪初，法国涌现出一大批印象派艺术大师，他们创作出大量经典画作。

印象派的艺术特色

一、印象派绘画在光与色的表现上取得了突破性成就。印象派对光和色进行了探讨，发现色彩是随着观察位置，受光状态的不同和环境的影响而发生变化。借用"物体的色彩是由光的照射而产生的，物体的固有色是不存在的"这一最新的光学理论，印象派画家认为，景物在不同的光照条件下有不同的颜色，认真观察沐浴在光线中的自然景色,寻求并把握色彩的冷暖变化和相互作用,以看似随意实则准确地抓住对象的迅捷手法,把变幻不居的光色效果记录在画布上,留下瞬间的永恒图像。这种取自于直接外光写生的方式和捕捉到的种种生动印象以及其所呈现的种

种风格,不能不说是印象派绘画的创举和对绘画的革命。

二、印象主义画家主要把身边的生活琐事和直接见闻作为题材，多描绘现实中的人物和自然风景。他们继承了法国现实主义前辈画家库尔贝"让艺术面向当代生活"的传统，使自己的创作进一步摆脱了对历史、神话、宗教等题材的依赖，大胆地抛弃了传统的创作观念和公式。他们对主题性地再现现实不以为然，提出应自然而随意地表现生活与客观物象。艺术家们走出画室,深入原野和乡村、街头,力求真实地刻画自然。印象派绘画涉及人物肖像、风光、建筑、人文景观、花卉、静物、想象画等题材。有的画家驰骋于多种题材之间，有的画家在不同艺术阶段进行题材重心位移，有的画家对传统艺术题材加以更新，推出了与时俱进、更趋综合的艺术题材理论及实践。毕沙罗曾被认为是"印象派画家中最固执于创作大量农村和田野风景画的"，但他同时被看做是"一个'城市风景画'大师"。莫奈后来偏爱画风景画，但他在1868年前的人物画同样自然洒脱。

三、印象派着重于描绘自然的刹那景象，使一瞬成为永恒，强调"不要失掉你所感觉到的第一印象"。为了捕捉瞬间的"印象"，印象派绘画在构图上往往较为随意，力求突出画面的偶然性，增加画面的生动和生活气氛。所以印象派画作一个常见的特色是笔触未经修饰而显见，构图宽广无边。印象派观察、直接感受表现色彩变化的微妙的画风，影响后来的现代艺术非常深远。

印象派的代表画家

印象派著名的艺术家有莫奈、马奈、窦加、雷诺阿、卡米耶·毕沙罗、保罗·塞尚等。

克劳德·莫奈（1840—1926）生于法国巴黎，"印象主义"风格奠基人。

印象主义的创始人非莫奈莫属，但真正完全实现印象主义理念和技法、并且一以贯之的当推莫奈。他对自然生活进行纯直觉观察，发展出自己的一套绘画方法。莫奈在视觉观察方面无疑是一个富有创造性的天才。他善于从光与色的相互关系中发现前人从未发现的某种现象。他喜欢所有使人眼花缭乱的东西，他描绘的河水、天空、房屋和树木都洋溢着非同寻常的生命感。他的内心满怀着难以遏止的激动。他将毕生精力献给了对西方画界产生了重要影响的印象主义，是以他为首的一批艺术家的不懈努力，突破了此前学院派的保守思想，极大地冲击了19世纪后半叶占据西方画坛统治地位的官方艺术，从而为掀开西方现代绘画史新的一页。

莫奈的《日出·印象》：1872年，莫奈创作了扬名于世的《日出·印象》。这幅油画描绘的是透过薄雾观望阿佛尔港口日出的景象。直接戳点的绘画笔触描绘出晨雾中不清晰的背景，多种色彩赋予了水面无限的光辉，并非准确地描画使那些小船依稀可见。真实地描绘了法国海港城市日出时的光与色给予画家的视觉印象。

莫奈的《干草垛》：进入90年代，莫奈创作了若干组作品，即"组画"。所谓的"组画"，就是画家在同一位置上，面对同一物象，在不同时间、不同的光照下，所作的多幅画作。这大概是莫奈晚年作品中的一个特色。比如1890—1891年间，对同一干草垛，画家分别对在不同季节的早、午、傍晚的阳光下，物体所呈现出的不同色彩，进行多达15次的描绘。

奥古斯特·雷诺阿（1841—1919）出生在法国利摩日的一个穷裁缝的家庭，5岁时全家迁居巴黎。

他的早期作品是典型的记录真实生活的印象派作品，充满了夺目的光彩。然而到了（18世纪）80年代中期，他从印象派运动中分裂出来，转向在人像画及肖像画，特别是妇女肖像画中去发挥自己更加严谨和正规的绘画技法。

阳光、空气、大自然、女人、鲜花和儿童。这就是雷诺阿一生用丰富华美的色彩所弹奏的主题。这些都会立刻把人吸引住，所以在所有印象派画家中，雷诺阿也许是最受欢迎的一位。在他笔下的人物中，看不到忧郁、伤感，而是美好的、怜悯的、迷人的。这正如著名作家莫泊桑对他的评价"他把一切都看得那么美好"。他曾说过："为什么艺术不能是美的呢？世界上丑恶的事已经够多的了。"

雷诺阿的《包厢》：1874年雷诺阿以《包厢》一画参加首次印象派画展，这标志着雷诺阿风格的成熟。

雷诺阿的《红磨坊街的露天舞会》：1883年，他又在《红磨坊街的露天舞会》一画中，用这种方法表现规模宏大的场面，透过树丛的星星点点的阳光，洒落在人们的身上、脸上、桌上和草地上，真正实践了"光是绘画的主人"这一句印象主义者的口号。是印象主义绘画在风俗方面的重要代表作。

1876年以后，他的风格臻于成熟。作为这种风格的代表的是1881年创作的《游艇上的午餐》。

雷诺阿的《大浴女》：雷诺阿在这副画中，描绘出河边洗浴后休憩的裸女。近景3个浴女容光焕发，具有丰腴的官能美特色，她们的身体荡漾着一种青春风韵，又显得健康成熟。玫瑰色的肤色显示了少女的壮实和健美，极细腻的笔触绘制出女性丰满柔嫩的皮肤表面，塑造了她们那富有弹性、充满活力的肉体，赋予她们青春美和生命的欢乐。

保罗·塞尚（1839—1906），生于法国普罗旺斯的埃克斯市。法国后期印象画派的代表人物，被认为是现代西方绘画的先驱，"现代艺术之父"。他指出绘画不再是简单的再现自然，不只是反映物的表象，更应体现对物的本质的感受的。他毕生追求表现形式的创新，对色彩和造型、节奏和空间均有新的探索，代表作有油画《玩纸牌者》《浴女们》《打阳伞的女人》《温室中的塞尚夫人》《圣维克多山》《果盘》等。他认为"一切物体都是球形的、圆锥形、圆柱形"，对西方艺术影响很大，他的静物画配置适当，色块艳丽，给人美感，素描作品浑然拙朴、方正大器。法国画家，后印象派的主要代表，西方现代艺术伟大的先驱者。

文森特·凡·高(1853—1890)出身于荷兰南部拉邦特的格鲁宗德埃。是一个自学成才的天才画家，对西方20世纪的绘画艺术有深远的影响。凡·高着意于真实情感的再现，也就是说，他要表现的是他对事物的感受，而不是他所看到的视觉形象。凡·高的作品，都包含着深刻的悲剧意识以及强烈的个性和形式上的独特追求。在他创作的后期，由于极端的孤独和渴望知音，精神上开始出现种种问题，直到1890年，经过痛苦地挣扎，年仅37岁的凡·高结束了自己的生命。

凡·高的《向日葵》：凡·高最有名的作品无疑是他于1888年8月完成的那幅《向日葵》。凡·高素爱以这种花来布置他在阿尔的房间，他像马赛人爱吃加蒜的鱼羹那样，津津有味地画了许多。"我想画上半打《向日葵》来装饰我的画室，让纯净的或调和的铬黄，在各种不同的背景上，在各种程度的蓝色底子上，从最淡的韦罗内塞的蓝色到最高级的蓝色，闪闪发光；我要给这些画配上最精致的涂成橙黄色的画框。就像哥特式教堂里的彩绘玻璃一样"。这幅画的成就依赖于黄色(从柠檬黄到橙黄)与蓝色的对比关系。使得这幅美妙的图画成为一件真正的艺术作品。

凡·高的《星空》：在1889年6月画的《星空》中，他所看见的夜空

就是一个奇特的月亮、星星和幻想的彗星景象；它所给人的感觉就是，陷入一片黄色和蓝色的漩涡之中的天空，仿佛已经变成一束反复游荡的光线的扩散，使得面对自然的奥秘而不禁战战兢兢的芸芸众生，顿时生起一股绝望的恐怖。凡·高不是希望看到这幅画的人们感到恐怖，而是他自己内心的痛楚，他把这种痛楚影射在巨大的苍穹之中，就像他亲眼见到了天地未辟以前的混沌世界一样。